微光成炬

慈濟教師聯誼會三十周年

慈濟教師聯誼會 著

證嚴上人開示

師親生三方都是贏家

◎釋證嚴

師者的角色就像殷勤的播種者，「只問耕耘，不問收穫」，盡己心力栽培下一代，無所求的付出方能輕安自在。不要以為孩子年幼不懂事，他們純真的心如明鏡，將老師的言談、形象、行為，一一攝入自己的心田裡。期待老師們也要以身作則，古人說：「一日為師，終身為父」，為了責任無懼辛苦，為了孩子的未來更不能停止去付出，付出才是福。

沒有人天生就會作老師，其實也都是從模仿學習和為人師表的憧憬中，慢慢察覺自己的責任。初為人師，剛站上講堂可能有點兒稚嫩拘謹，但假以時日，就能收放自如，傳道、授業、解惑，不只傳達知識給莘莘學子而已，還要發揚聖賢之道，更在孩子迷惘徬徨時用心陪伴，才不會迷失方向。

《靜思語》讓老師們打開「發現優點」的雙眼，樂意給予孩子真誠的讚美和鼓勵，讓孩子在壓力外有被愛的鼓勵和溫暖。

有心加入教聯會的老師都是自我期待很高，且創意無限，同樣的《靜思語》，竟能衍生出千變萬化的教案，適合各個年齡、性情不一、根器有別的孩子，都能浸潤在愛的春風裡。

書中執筆的幾位老師都是負有使命感來的，「得天下英才而教之」，固一樂也；能將調皮搗蛋，或者行為乖張的孩子帶回到正軌，成就感更大。

孩子的改變，家長感受最深刻；有位家長專程趕到學校向校長請命，希望新學期開始，他兩個兒子都能進入有教《靜思語》老師的班級。理由是不曾接觸靜思語的長子，習氣頑劣，會跟長輩頂嘴；次子在老師引用《靜思語》薰習下，變得很懂事又體貼聽話，回到家還會幫媽媽做家事。

書中介紹好幾位足為人品典範的老師，像林秀霞老師。每天上課前先講五分鐘的靜思語故事，慢慢陶冶孩子的性情、找到人生的方向。實施一段時間後，孩子的品德、功課都有很大的進步。家長不僅認同，也樂意承擔班上的愛心媽媽、愛心爸爸。

大愛媽媽也救度過無數的家庭；包括想和過動兒同歸於盡的媽媽，也有因先生外遇而萬念俱灰的妻子……。都因為加入大愛媽媽，而翻轉自己的人生。

靜思語像一帖良藥，孩子回家了，就將靜思語貼在衣櫃上。這孩子的父母天天都在鬥嘴，彼此開口都沒有好話。有一天夫妻倆又在吵架，吵一陣子了，爸爸就指著衣櫃上的靜思語說：「妳看妳看，孩子怎麼說……」媽媽轉頭一看，口裡唸著：「要比誰更愛誰，不要比誰更怕誰」，夫妻倆相視而笑，立時化干戈為玉帛。

屏東的徐雲彩老師用靜思語教學對孩子進行品格教育，連校長都很認同。像掃地時，她跟孩子們說：「伸個手彎個腰，把別人不要的福報撿起，就是我們的。」孩子心地純潔，覺得把別人丟掉的福報撿起來也很不錯。

在我們花蓮的慈小，孩子必得成績、品性都優，才有資格清掃廁所。孩子們對於打掃廁所很有榮譽感，這是培養孩子學習如何為人服務的精神。

「經師易得，人師難求」，學生不是不可教，是老師沒有方法教。有幸身為老師，就是孩子心靈的園丁；希望孩子的本性、智慧可以隨著年齡成長，將來才能真正做一個對人類有貢獻的人。

不抱任何希望，不求什麼成果；無所求的付出方能輕安自在。不要以為孩子小，不懂事，他們純真的心如明鏡，將大人的行動映照得十分清楚。「經師，人師」，作經師之前，老師必得以身作則，凡是看得到的形象、聽得到的叮嚀，都要很用心！老師們都有一分使命感，為了責任無懼辛苦，為孩子的未來更不能停止去付出，懂得享受辛苦才是福。

今值慈濟教師聯誼會成立三十年，很感恩慈濟老師用「靜思語」呵護國家幼苗、用鼓勵代替責備，師、親、生三者緊密連結，一句好話，三方都受益了。這些成果都可以分享，但願真善美的種子深植在每個人的心底，社會必然更為祥和美好。

推薦序

慈悲清淨愛　宏願育英才

釋德宣（靜思精舍）

一九九二年七月二十三日，來自全臺的慈濟教師千餘人，在當時還是工程中的花蓮靜思堂由上人主持，正式成立「慈濟教師聯誼會」，簡稱「教聯會」。

緣起筆耕隊

「教聯會」的前身是由臺北陳美羿老師發起的筆耕隊。

一九九〇年，臺北天母國小蕭春梅老師，應邀參加美羿老師定期辦的筆耕隊共修，每次聚會都會收到一張標題「拾寶」，印著證嚴上人說的好話集，內容很生活化，蕭老師即在課堂上與學生們分享。

而後，臺北博愛國小吳秀英老師用靜思語融入班級經營，輔導頑劣學生。並常於上人每月行腳到臺北時，分享她與學生的互動。吳老師更將學生心得編成《春風化雨》小書，與海內外讀者結緣。

從此，靜思語教學從北到南，見聞者靜靜的吸收，進而在班級默默的分享。

上人常於開示中提到，如果一個班級有五十個學生，就可以接引五十個家庭。當時很多原本讓家長頭痛又無奈的孩子，在言行、生活習慣上，有了明顯的改變與成長。家長感動之餘，進而成為班級志工，甚至走入培訓成為慈濟委員。

一九九四年六月，北區慈濟委員林雅美，接引當時臺北補習班名師陳乃裕老師來花蓮見上人。上人的智慧行儀，讓陳乃裕老師如醍醐灌頂，感動又心動，對北區教聯會務主動投入。同年十一月，上人指定乃裕老師出任北區教聯總幹事。

更於一九九八年二月再延請乃裕老師為全臺總幹事。乃裕老師開始走訪全臺北中南各地慈濟教師，定期開會、積極推動。並規劃於寒暑假由各區教聯會輪流定期回花蓮靜思堂舉辦各種教聯營隊。

一九九九年二月，北區教聯會辦理「靜思語教學環島尋根活動」，老師們以遊覽車全臺走透透，每到一站即坐下分享靜思語教學，一站又一站，分秒不空過。連午餐時間，人人手拿便當，還是環繞而坐，進行靜思語教學經驗分享。

制服與培訓

中區教聯第一任總幹事劉阿照師姊，是當時資深委員。接引筆耕隊及教聯會的老師都不餘遺力。師姊想到委員有制服，有慈濟的標誌；也希望老師團體有制服、有標誌。甚至於在當時的慈濟道侶半月刊公開徵稿。

一九九四年十一月上人行腳到民權路臺中分會。跟阿照師姊說：「這個標誌給你們好嗎？」原來上人把委員標誌的八正道蓮花中央放佛教的菩提葉。阿照師姊好感動，一再頂禮上人、感恩上人。

為了教聯會的制服，阿照師姊知道臺北慈濟委員林臣英是服裝設計家，時常北上到臣英師姊工作的地方，等到她下班，再一起討論適合教師團隊的顏色。幾經挑選，直到上人點頭同意，教聯會的制服灰藍色上衣、白色長褲終於定下來。

當時，慈濟教師常應邀到各學校分享靜思語教學，覺得灰藍色上衣、白色長褲好像不是很正式。因此，阿照師姊再請求上人，能不能有正式制服？上人即委請臣英師姊設計。

上人又交代當時的全臺總幹事陳乃裕老師，如果老師是已受證委員的，理所當然就是慈濟老師。但其餘的老師應該要培訓，始得受證。第一期來自全臺近百位培訓老師，經過二年的培訓，終於穿上所謂的「大禮服」，讓上人授證，成為正式教聯會受證老師。而今，培訓老師也進入第二十期了。

教聯會會歌

一九九四年十二月，來自中南部七百多位老師，在民權路臺中分會一日精進。中午，在二樓上人會客室，幾十位老師席地而坐，與上人漫談。臺北音樂家郭孟雍老師匆匆而來，呈給上人他的新作曲〈老師心 菩薩心〉。在場的老師們隨緣歡喜地學唱著，從此定為慈濟教師聯誼會的會歌。這些年阿照師姊深受病障之苦，衷心祝福阿照師姊時時身心自在。

一九九五年七月二十八日，在花蓮靜思精舍，上人為「全省老師精進一日」，虔誠求皈依的學員主持皈依。上人即席開示：「慈悲喜捨清淨愛，教師宏願育英才。」勉勵老師們以清淨大愛，搭建與學生溝通的橋梁，並用感恩心來培養孩子健全的人格。此二句慈濟老師經典法語，流傳迄今。

一九九八年八月，教聯會開始於每年暑假定期辦理「靜思語教學研習營。」當時，有很多剛走出校門的年輕老師來此參加，不僅收獲滿滿的教案，更接收了上人的智慧法海。從此上人每月行腳，常可聽到各區慈濟老師的靜思語教學心得分享。

大愛引航出版

一九九九年四月，新竹區呂素琴、古宏深老師賢伉儷，結合一百多位小學老師的智慧，花了將近三年的時間編纂完成《大愛引航》小學版。

有一年的靜思語教學研習營，執教於國中的曾裕真老師，引用上人的話：「只有不盡責的老師，沒有教不好的學生。」講了很多上人說過的話，連早期《隨師行記》的內容都能引用。講到後來，她說：「我講這麼多，你們一定以為我跟證嚴法師很熟，其實法師可能不記得我，但我認定他是我終身的師父。」當時，曾老師也帶著一群國中老師，出版中學的《大愛引航》。

營隊扎根　深耕人文

一九九九年，九二一大地震，震撼全臺。北區教師規劃了「震動大愛　重建『笑園』」師親生成長班，從二〇〇〇年三月展開活動。課程規劃，由當地老師、校長帶自己的孩子來參與，上午親子班，下午靜思語教學研習，前後辦了約一年半。北區教聯會承擔五個城鄉，中區承擔三個城鄉，南區承擔二個城鄉，前後與五十多個學校互動。

每年寒暑假，教師在靜思堂舉辦不同屬性的營隊。有一年寒假，陳乃裕老師發想，讓老師們在清晨，由靜思堂走「師公路」回精舍，由黑夜走到天明。

有一回，是在春節前幾天，學員們下午迎著寒風走回精舍。走到山門口，在隊伍中飄出佛號聲，人人自然合掌莊嚴整齊，念佛進精舍。走到中庭，一桌桌暖心火鍋熱煙裊裊；人人心心相印。回家了——上人在心中。

又有一回，營隊最後雙向座談，邀請當時的教育部長楊朝祥先生出席。部長聽完報告，感動地說：「如果全臺灣的老師，都加入慈濟，那教育部的工作就輕鬆多了。」

大專教師營

走筆至此。想到當時北師大教育傳播學院的陳昭儀老師。她的父親陳燦輝教授，在建慈濟醫院初期，出錢又出力；母親是北區第八組組長陳錦花師姊，傳承了一百多位受證委員，是當時上人說的慈濟樹。

陳昭儀老師在成立教聯會時，就是北區教聯的一份子。一九九八年，昭儀老師連辦了三年大專教師營，每梯營隊結束回臺北後，就邀請學員辦同學會連誼。接引了不少大專老師更深一層，深入慈濟人文及靜思語。

小樹伸展成大樹

南部第一任總幹事高雄慈誠隊陳也春師兄，在教聯會成立時。即邀請雙胞胎姊妹——朱妍綸校長與朱妍綾主任出席，而後又邀請陳昭和師兄、吳慈同師姊，一起來帶動高雄老師。高雄教聯會的大小會務，也春師兄從沒缺席過。

二〇〇九年八八風災重創小林村，朱妍綸校長帶動高雄區教育功能團隊的志工們，從八月三十日開始，走進異地復學的校園關懷。此後持續帶動南區老師，還延展出「杉林慈濟大愛長青班」、「杉林慈濟蕙質蘭心成長班」、「學生夜間課輔班」，迄今一直延續著。

時光荏苒，再回想當年，屏東尤振卿老師向上人報告，用靜思語教學所教導的頑劣學生，現在早已大學畢業並成家立業了。

三十而立　微光成炬

欣逢教聯三十周年，感恩各區老師步步足跡串成「三十教聯」。全臺慈濟教師融入社區，成為慈濟大海中的一滴。靜思語也隨慈善國際化的腳步，走入歐、美、東南亞，甚至中國大陸、泰北，成為當地學校品格教育的教材。

三十年來，點滴付出，凡走過必留下痕跡。一如本書書名《微光成炬》，如今靜思語教學照亮大愛地球村。更期待螢火蟲的微光，能有更多善因緣，接引更多有心老師了解靜思語，深入靜思語。

感恩所有圓滿此書出版的老師菩薩們，佛門說：分分己力也分分己獲，功不唐捐也福不唐捐。

衷心祈福所有老師們，今生有幸能同修共進在上人座下。願從靜思人文到慈濟人文，生生世世都是你我的優質基因。更期待來生來世，你我仍是上人座下精進如斯的靜思弟子。

推薦序

老師心 菩薩心

顏博文（佛教慈濟慈善事業基金會執行長）

還記得二〇二一年的教師節，人人臉上戴著口罩慎防新冠疫情，但靜思精舍的會客室裏，證嚴上人的訪客與會議猶仍不斷、分秒珍貴。我們的主管和同仁們趁著中午，上人步出會客室走向齋堂的短短路程，像是回到學生時代一字排開、手拿平板電腦當排字，伴著上人的步伐齊聲喊出「敬愛的上人教師節快樂！」再一起搖曳唱「老師心、菩薩心，愛之深、教之切；老師心、菩薩心，燈傳燈、心連心」。

鎮日忙碌的上人慈藹停下腳步，回身聆聽同仁們唱這首慈濟教師聯誼會的代表歌曲，又回味著歌詞開示道：「燈傳燈、心連心，要傳承啊。」才往齋堂行去。教師節短暫交會〈老師心菩薩心〉這首歌，真是盡在不言中。

在每位慈濟人心中，上人是指引明燈的慧命導師！在每個學生生命中，老師更散發傳道、授業、解惑的啟蒙影響。慈濟教師聯誼會以上人的《靜思語》為經，以教師慧心為緯，加以慈濟委員陪伴接引的愛心滋養，三十年來「靜思語教學」在各地校園交織出師、親、生皆獲益的人文教育網絡，不但全球各地邀請慈濟教聯會前往交流，日趨成熟的慈濟教聯會團隊於九二一大地震後，在滿目瘡痍的學校鼓舞師生、到初創的花蓮慈濟中小學支持教學、訪各地監獄關懷更生人……走出自己的校園，幫助更多弱勢或迷網的學生與年輕人。許多教師在用心投入之際，原為家業、事業久困內心的抑鬱竟也不自覺地撥雲見日，真可謂「做中學、學中覺」的智慧人生。

時至今日，科技創新、變遷，威脅紛至，全球環境的改變翻天覆地，如何借重教育的力量使下一代根植「地球永續」願景刻不容緩，慈濟環保志業由資源回收跨步宣誓「淨零碳排」即是一例。尤其二〇二一年，慈濟獲教育部、環保署、消防署指導，與PaGamO幫你優公司公益合作「環保防災勇士PK賽」首屆線上比賽，獲上千所學校將這份教材融入教學，吸引全球九萬人參加電競遊戲，循著孩子的興趣強化環境教育素養。年餘的籌備、溝通與陪伴過程，特別感恩臺灣各地慈濟教聯會老師們勤訪校園，獲得各縣市教育局、處的支持，賽後更促成高雄市教育局、國立科學工藝博物館與慈濟共同簽訂「環境教育合作意向書」五年合作，讓慈濟人文與環境教育用心在各個中小學校園續航。

上人以《法華經》裡的菩薩四法「大慈悲為室，柔和忍辱衣，諸法空為座，處此而說法」期勉教師聯誼會的老師們春風化雨、自利利他。感恩慈濟教師們樹立典範蔚成林，也期許慈濟基金會更廣泛與公私部門共善合作，協同慈濟教聯會人間菩薩大招生、加乘教育影響力，展望下一個三十年，共謀淨化人心、地球永續。

微光成炬

推薦序

種桃種李種春風　樹人樹德樹典範

王本榮（慈濟教育志業執行長、慈濟大學名譽校長）

一九九二年七月二十三日及二十四日，一群滿懷理念及愛心的中小學老師，以及社教機構、大專院校與學術研究機構專業人員，秉持「以佛心為己心，以師志為己志」的精神，組成「慈濟教師聯誼會」，在花蓮靜思堂舉行成立大會，以研討「慈濟人文精神，融入教學活動中；淨化校園，祥和社會」為宗旨，期許用「菩薩的智慧」和「媽媽的愛心」，在校園播下美善的種子。證嚴上人對與會的一千四百名教師深切期許：「對國家未來主人翁的養成，猶如培植一株株枝葉繁茂的菩提樹，要用心澆灌，悉心照拂，使之成長茁壯，以庇蔭人生的炙熱。」

上人常說：「沒有教不好的學生，只有不用心的老師。」在教育鬆綁，學風自由的現代，「嚴師出高足」的傳統已被濁世洪流所淹沒；「師者，傳道、授業、解惑」被「遲到、造業、蠱惑」所取代；「多元」教育變成多「元」教育；「有教無類」變成「有類無教」。「吾不愛吾師，更不愛真理」的學風，「功利主義」使神聖的「教育」變成「交易」的對價關係。《莊子・秋水》有云：「曲士不可以語於道者，束於教也。」在上人「老師心、菩薩心；愛之深，教之切」的期勉下，教聯會老師的「育種夢田」就是「種桃種李種春風」；「育樹成林」就是「樹人樹德樹典範」，身體力行，恒持不懈「教育愛」的「多元與價值」，「熱情與關懷」、「倫理與責任」，用生命走入生命，以慧命護持慧命。

教育的本質在涵養生命能量，提升生命層次，發揮生命價值，增進生命意義。自古而今，教育之道即是愛智之道。慈濟的教育理念也是《無量義經》的佛法實踐，如「是諸眾生，真善知識」「是諸眾生，不請之師」，「處處為眾生大導師」，「於眾生所能拔苦，苦即拔已復說法」，「習性不同眾生欲，種種說法方便力，開權顯實應根機，心佛眾生無差異」，「能為生盲作耳目，為顛狂荒亂作正念」，「遍學一切眾道法，智慧深入眾生根」。教聯會老師在上人的引領下，如禪師靈雲志勤見桃花而悟：「三十年來尋劍客，幾回落葉又抽枝；自從一見桃花後，直至如今更不疑」。

三十年前，教聯會在校園，在災區，在社會都產生了無法衡量的善效應。在「教師成長」方面，建立正確教學理念，端正良好教學態度，增進豐富的教學專業。在「品德校園」方面，有大愛媽媽說故事，靜思語教學，無毒有我的教育宣導。在「社區服務」方面，有親子成長班，新芽課業輔導，社區關懷及環保帶動。在「希望工程」方面，有海外人文教育交流，災區學童心靈輔導及杉林區課業輔導。

二〇〇八年四川汶川地震，我曾擔任領隊前往賑災、義診，親證教聯會老師如何膚慰陪伴受災兒童，度過「創傷後壓力症候群」，布善種子，遍功德田。兩位跟隨我看診擔任翻譯志工的小朋友發願要成為濟世救人的大醫王。十二年後，我陪同慈濟大學青年志工團再臨四川，舉辦生命教育、環保教育與品德教育營隊，發現教聯會老師的陪伴，自災後不曾斷過，二位小朋友也在愛的陪伴下如願成為醫學生，更成為營隊中堅領導，令我無比感動。從灰暗的心靈，走向光明的大道，教聯會老師功德無量。

三十年來，教聯會老師南征北討，東成西就，無處不在，無遠弗屆。正如岳飛的《滿江紅》：「三十功名塵與土，八千里路雲和月，莫等閒，白了少年頭，空悲切。」而這個「空」是體悟了「性空」的智慧，這個「悲」是實踐了「慈悲」的大愛。教聯三十專書《微光成炬》，滙集了教聯會老師的「聞、思、修」與「信、願、行」。祈願「教育愛」的火炬代代傳承，念念不滅，師師如意，生生不息。

序

教聯三十清淨愛
微光成炬引菩提

學有德、教也要有德。慈濟創辦人證嚴上人曾期勉普天下的教師，以「老師心、菩薩心」自許，以愛的付出與實踐，將教育工作視為永遠的志業。而老師的身心修養，是內修「誠正信實」，外行「慈悲喜捨」，如此內外相應，才能以超然的品德，取得學生發自內心的尊重。

許多慈濟志工因為受到上人上述教育理念的啟發，也將這一念種子帶到自己的專業或辦理活動的領域裡，在班級內推動「靜思語教學」，爾後，為了凝聚眾人之力將慈濟人文落實在課堂上，一九九二年七月二十三日和二十四日，一群滿懷善心和愛心的中小學教師，以及社教機構、大專校院與學術研究機構專業人員，以「秉佛心，承師志」的精神，在花蓮靜思堂舉行「慈濟教師聯誼會」成立大會。以「研討慈濟人文精神，融入教學活動中；淨化校園，祥和社會」為宗旨，期許用「菩薩的智慧」和「媽媽的愛心」，在校園播下美善的種子。也和社區志工結合成立「大愛媽媽」，在校園中推廣生命教育，讓兒童與學生從靜思語中學習正確的人生價值與人文品格。

慈濟教育工作一步一腳印，慈濟教師聯誼會成立後，校園中的親、師、生因為「靜思語教學」緊密互動，並從校園灌注到社區親子教育的各個領域：教聯會、慈濟大專青年聯誼會、兒童班、慈少班、大愛媽媽等社區教育功能團體，形成社區教育功能團隊，對內彼此分工合作，對外人間菩薩招生，大家合和互協成就教育陪伴，蓬勃發展並蔚然成林。

慈濟教師聯誼會的會徽為三葉綠色菩提重疊，其象徵意義如下：菩提即是覺，代表老師們自利利他，自覺覺他；三葉菩提代表老師的傳道、授業、解惑；綠色代表欣欣向榮，尊重生命；三葉重疊代表向下札根，節節相連，環環相扣。

上人常言：「天下沒有教不好的孩子，只有不用心的父母和師長。」孩子的心是一畝田，作師長的如同農夫，只要用心耕耘，孩子的心田就不會長出雜草。「喜捨教化覺有情，慈悲育成菩提林」，慈濟教師聯誼會老師不僅投入教育志業，更從參與社區活動中智慧互長、增加力量、法髓一貫，期望將清淨的慈濟清流帶入校園，淨化人心，祥和社會。

從上人智慧法語結集而成的《靜思語》，是上人從現實人生的實踐中體悟的心得，是上人面對不同的人、事、物，即境開示的收錄語，也是上人「力行」的智能。一九八九年《靜思語》發行的這一年，屏東大同國小尤振卿老師，收到第一份《慈濟道侶》，他把上面的「好話」有計畫的融入「生活與倫理」課程中，並將靜思語編寫成符合學生真實活動的劇本，以布袋戲、相聲、數來寶等方式交互呈現，用以進行品格教學。陳美羿老師也將上人的「好話」書寫成一張張的「拾寶」，提供給慈濟筆耕隊的學員省思。一九九〇年，北區天母國小蕭春梅老師加入筆耕隊，開始將「拾寶」裡的「好話」運用在教學上，於是「靜思語教學」出現了。

靜思語教學最先受益的是老師，因為靜思語教學的可貴之處即在於：它是一個能讓人靜下來好好思考、反省的「功課」。在教學過程中，生活上的盲動、粗魯、貪得，在心裡面覺察；人生的迷惑、不切實際的希冀，則可得到指引和省思的機會。熟悉一句句的靜思語，植入腦海中，成了導引方向的機制，觀念調整，做人處世的態度轉變，周圍的人、事、物自然變可愛了。

二十幾年前教育改革聲浪鼎沸，在強調「帶得走的能力」推波助瀾之下，教育呈現一股「重功能、輕良能」的氛圍。許多家長將孩子送進補習班、才藝班，以便進入「升學率高的中學」，「品格教育」在家庭、學校及社會中漸漸被忽略。一群熱心、負責的優秀教師，積極尋覓良方，期望品格教育能與智育並駕齊驅，教出品學兼優的好孩子。他們將上人身心實踐而體會的「靜思語」，精心設計出寓教於樂的「靜思語教學」課程，引用慈濟感人故事來教導學生，搭配體驗活動、提問討論與生活實踐，輕鬆活潑的教法，讓學生們更能體會慈濟的人文精神。

此外，教師們也將靜思語融入各科教學或班級經營，並透過研習及成果展等活動，讓來自不同學校的老師觀摩學習，回校運用，再回饋分享。

慈濟教師秉持慈濟慈悲喜捨、誠正信實；感恩、尊重、愛的人文素養，而改變自己的教學信念，當老師的心變得柔軟了，就能用放大鏡看到孩子的優點，相信孩子都願意向善向上，耐心傾聽，寬容接納，愛心等待孩子改過自新；以同理心接受家長的意見和想法，看事情的角度變寬、變廣之後，脾氣也越來越好，天天都能以歡喜心面對人、事、物。

慈濟教師態度的改變，學生與家長都感受到，所以樂於配合教學活動，親師生產生愛的循環，班級的秩序，整潔和學業競賽，表現出眾。愛校愛地球的環保小尖兵，社區服務，安養機構關懷踴躍參與，教師的成長影響班上的學生和家庭，也影響全校師生，獲得三贏的良性效應。

尤其難能可貴的是，任教多年的慈濟資深教師，雖然已累積豐富的教學經驗，但因為認同慈濟，且肯定從參與慈濟教師聯誼會活動中可以得到相互支持、關懷和有效班級經營的教學原動力，所以更加投入，不論是社區訪視、環保志工，或是海外賑災、人文交流等，都有慈濟教師的身影。

慈濟教師聯誼會教師實施靜思語教學後，在二〇〇二年成立「大愛媽媽」，利用晨光時間，積極的在校園撒播愛的種子，教育無所不在，慈濟大愛媽媽把握善緣，透過說故事，啟發孩子的善念，補學校生活教育和德育教育的不足。過程中著重品格陶冶、生活教育、情緒管理、人際關係等道德倫理，也配合教師節、畢業典禮，帶動學生感恩教師；並協助學校舉辦「敬師感恩奉茶活動」，營造溫馨和諧的友善校園。

從一九九五年開始，慈濟教師聯誼會教師陸續到馬來西亞，新加坡、美國、加拿大、中國大陸、澳洲和印尼，推廣靜思語教學。慈濟教師分享靜思語的教學理念：以平等心看待每一位孩子，不放棄任何一位學生，以老師心、親子情，增進親子情誼，學習找回心中的愛，再讓愛傳出去。

慈濟教師聯誼會成立已三十載，此書集結來自不同地方，擁有不同背景，但皆有志一同為教育盡心的溫馨故事，因為教育不只是職業，更是一種用生命感動生命的志業，教聯會老師將持續傳遞愛與關懷，落實在生命中所接觸的每一位學子。

目錄

看見希望

一念之間

典範影響

薪火相傳

附錄

看見希望

一九九二年開始，一群志同道合的志工和老師們，找到源源不絕的的心靈活水，足以滋潤教學生涯的枯竭心田。

他們用心建立起「教育工作者」的龐大團隊，發願一起孕育未來社會的幼苗！他們發揮團隊的力量，共同攜手邁向前，走過九二一重建校園，走過八八風災杉林課輔。

點亮老師的愛心，就能照亮一群人、一代人，看見社會的希望。

提供｜慈濟基金會

緣起聯誼 以愛為綱點亮心光

張素卿

「我們有一個慈濟教師聯誼會，這些老師都是慈濟人，他們常聚會在一起，以慈濟感人的故事互相勉勵，每個人都吸收很多感人事蹟，然後回到學校講給學生聽，學生聽了之後，不僅收穫很多，而且還有很大的回應——愛的回應。」

——證嚴上人講於一九九二年十二月十一日

重振師道　凝聚師心

成立於一九九二年七月二十三日的「慈濟教師聯誼會」，是一群慈濟人為了找回「老師心」，透過茶會聯誼的方式，邀約老師們來交流、暢談與分享各自的教育理念與心得，聯誼啟慧根，一個串一個，一個拉一個，讓當時苦於師道日漸衰微的有志之「師」，重新凝聚起來。

一九八〇年代以降，臺灣錢淹腳目，股市上萬點，又有大家樂簽賭盛行，連部分教職人員都難抵金錢誘惑，造成民眾不良觀感。一九九〇年十月，臺北慈濟委員陳美羿老師在當時臺北市長安東路的慈濟文化中心，舉辦首場的教師聯誼。結束之後，陳美翌老師與同是在學校服務的郭馨心師姊及其妹郭淑媛，三人搭上了計程車還繼續討論分享，不料卻激怒了計程車司機，「我的小學老師，只要成績不好就打人，我就是從小被打到大的，最後還把我留級。老師沒有一個是好人，我兒子的老師也在玩股票！」

老師們耐著性子，娓娓分享當慈濟志工的見聞與心得。聽到老師做慈濟，司機的態度從排斥漸漸轉為尊重，抵達目的地時竟不收車資，三位老師於是將車資捐給慈濟。此事也讓陳美羿老師發願，要接引更多老師加入慈濟，改變教師的形象。

時光荏苒如白駒過隙，當年那一段用愛促成的教聯會歷史，是許多有愛之人所共同締造出來的，如果少了他們對老師們的接引與關懷，就沒有現在的教聯會。

吃慈濟飯　養慈濟心

臺北資深慈濟委員紀陳月雲師姊，人稱「紀媽咪」，也曾短暫的從事教職，因為她睿智而風趣，也常與人廣結好緣，是孕育北區教聯會的重要推手之一。

在臺灣還未全面實施週休二日時，各級學校每逢星期六都還要上半天課，紀媽咪藉著認識幾位老師的因緣，每週六中午準備了很豐富的素食午餐，邀請老師們下班後帶著家人，一起來到建泰廣場的共修處聚餐。用餐結束以後，大家就一起喝茶聊慈濟事，或是紀媽咪生活的小趣事；老師們也會分享自己如何在班級善用靜思語教學，無形中，慈濟人文或是佛法教育就流入老師們的心田裡。

紀媽咪藉著吃慈濟飯，養老師們的慈濟心，慢慢的，士林、北投、淡水等各區的種子老師一顆顆成熟了，這一顆顆飽滿的種子，又落地生根開枝散葉，接引當地更多的老師。

紀媽咪曾問上人：「我的廚藝也不精，只是把飯菜煮熟，為何老師們吃得這

慈濟委員紀陳月雲（左）與陳美羿（右）在教聯會正式成立之前，都是透過茶會來邀約與凝聚教師的心。（照片提供／蕭嘉明，2011/05/21）

麼開心呢？」上人回答：「因為妳足夠有誠意，妳的菜裡都加入了愛心。」

紀媽咪說，推動靜思語淨化人心的工作，一般的慈濟委員只能找左鄰右舍說慈濟，且要有機緣時才能說；但老師們只要親身體會到靜思語的妙用，每天在日常生活、語默動靜中，時時刻刻都可以教育學生，甚至也教育家長，推廣的速度以及影響的層面，有如轉法輪般快速。

在菩薩招生的成效上，老師

們只要有心，影響的同事及家長更快更多，更有說服力，所以老師必有大用，教聯會真的是社會不可或缺的清流啊！

筆耕養才　教聯推手

陳美羿老師自一九八六年加入慈濟後，認真地參與能力所及的志工工作，後來靜思精舍德宣師父和紀媽咪知道她愛寫作，都鼓勵她寫慈濟故事。從此，她的寫作題材唯一只有「慈濟」，再也不寫其他文章。

當年慈濟的文宣品，除了《慈濟月刊》，另有一份《慈濟道侶半月刊》，需要大量稿源，因此長安東路慈濟文化中心行政主任楊亮達就建議上人，從慈濟志工之中找人才，成立一個寫作志工團隊，也就是後來的「筆耕隊」。

陳美羿帶動筆耕隊，真誠待人，常常不藏私地分享寫作技巧，贏得大家敬重與讚佩。「老師需要慈濟的精神；慈濟也需要老師的力量。」當陳美羿想要把慈濟群體中的老師凝聚起來時，也在筆耕隊之中獲得不少迴響，中區的劉阿照師姊、南區陳也春師兄、東區黃麗照師姊，這幾位都是從筆耕隊首先響應組成教聯會的慈濟幹部，也為教聯會的順利組成奠下基礎。

一九九二年七月二十三日，在花蓮靜思堂正式舉行教聯會成立大會，參與的教師將近有一千五百位。然而在教聯會成立大會前，撫養陳美羿長大的九十歲祖父跌跤臥床，陳美羿要全心投入照顧，因此只能「在家做慈濟」——筆耕隊交給李彩琴師姊帶領。一九九四年後，北區教聯會則由上人慈示，由陳乃裕師兄負責。儘管如此，陳美羿對筆耕隊與教聯會的關心與影響，卻不曾磨滅。

馨在人間　香滿天下

一九九三年，郭馨心的小兒子在服兵役期間不幸喪命，萬分悲痛之中，陳美羿陪伴著郭馨心做出捐贈器官與大體的決定，化小愛為大愛。此舉，感動了年輕的部隊輔導長，往後就一直透過寫信、寄卡片來問候——她雖然失去了寶貝兒子，卻獲得更多孩子的愛。

郭馨心真可說是桃李滿天下，慈濟大學的懿德兒女，感受到她如慈母般的關愛，個個親暱地稱她為「馨媽媽」。一如她從一九九〇年受證慈濟委員，便辭去待遇優渥的外銷工廠主管職務，發心立願到內湖國中擔任行政兼輔導人員，自此，內斂和藹、溫柔婉約的郭馨心，展現輔導長才，心光點點照亮內湖，讓愛在內湖校園蔓延開展。

當年國中生還有「放牛班」，其中的學生因為不愛讀

郭馨心老師溫柔親切，具有豐富的輔導經歷，時常與老師們分享陪伴個案的心路歷程。（照片提供／黃福全，2007/12/28）

書而被編在一班，他們往往血氣方剛，又得不到親師之愛，暴戾氣焰高漲。郭馨心則在內湖國中撒播愛的種子，帶動同學從資源回收做環保開始；她也成立「勵志社」，關懷行為偏差的學生。她常鼓勵被「請」到訓導處的犯錯學生，也會帶孩子到教養院當志工，或帶他們到樂生療養院，聽聽金阿伯、林葉師姊講故事，還帶去訪貧、參與義賣活動，讓孩子們能見苦知福。

雖然不是教師，郭馨心卻是

教師節前夕舉辦敬師奉茶，大愛媽媽代表全體學員為老師及連麗香奉茶，並溫馨擁抱。（照片提供／李鈴宮，2014/09/26）

臺北內湖第一個教聯會種子，她所帶動的校園慈濟人文，逐漸在內湖各校注入清流，日後在教聯會發光發熱的鄭花老師、曾錫閩老師等人，都是郭馨心用真情陪伴成長的法親，至今大家情感依舊濃厚，法親緣綿延不絕！

當教聯會正式成立後，北區總幹事是由策劃與執行力十足的陳乃裕師兄承擔，副總幹事則由舉家從美國回歸臺灣的慈濟委員連麗香擔任。連麗香的儀表莊嚴、慈眉善目、親切和藹，她在一九八九年第一次來到靜思精舍，才吃了一頓便飯，就感於這群出家師父在清苦自律的生活中，卻能支撐起一家醫院的籌建工作。她感動不已，當即就捐出二百萬元，雖被同行的家人打趣為「一個便當五十萬」，卻能窺見她的慈悲與慷慨。

當年教聯會指導師父德宣師父邀請連麗香擔任北區教聯會副總幹事時，她謙辭：「我又不是老師，何德何能當副總幹事？」德宣師父說明，這是上人親點的。師命難違，連麗香也全心承接這份囑託，配合著陳乃裕在社區勤辦茶會，廣邀老師來認識慈濟，用慈母的愛心、耐心接引老師，出錢又出力。

連麗香提供自家場地，作為慈濟永和聯絡處——若說該處是雙和地區教師的搖籃，連麗香就是推動搖籃的那雙手，只要跟老師有關的活動，連麗香都全力促成，小到派車服務、備餐接引、熱線呼喚……都讓人盛情難卻。

她也體貼老師、理解老師，她聆聽老師教學上的困境，也鼓勵老師用靜思語教導學生，帶著老師參加一場又一場的研習，還主動幫老師報名、買車票、送車票，更在深夜站在門口等老師來拿票，甚至陪老師同行。

當年在三峽任教的張素卿老師回憶，在九二一大地震之後，參加「震動大愛重建『笑』園」活動，除了長途跋涉披星戴月之苦，還加上寫教案、做教具，所有的壓力都在連麗香溫婉的笑容下化解，「每當連師姊輕輕拉起我的手，用充滿關愛的眼神，對著我微笑，想拒絕的話都說不出口了，她就像擁有愛的魔法一樣。」

二〇一九年，連麗香身體欠安，即使在病危當中，仍然不忘關心著教聯會和大愛媽媽們，時時叮嚀要做慈濟、說慈濟，更要接引更多的人進來一起做慈濟……她一生慈悲為懷，勇猛精進，仍被教聯會人人尊稱「永遠的隊輔長」，而她所展示的慈藹與關愛，正是教師「聯誼」歷久彌新的核心關鍵。

微光成炬

提供｜顏淑婧

舉燭匯炬 北區教聯綻放光芒

張素卿

臺北市天母國小蕭春梅老師抬起手，在黑板寫下一句「靜思語」。她想起曾在一本刊物讀到記者自述：「記者經常揭露黑暗，卻往往無力點燃光明。」此刻，白色的字在墨綠的板上格外顯眼，像是一道輕柔的燭光，照破她那因長年盯著學生缺點，將之放大又放大後，所形成的一片籠罩學生也遮住自己，那一片猶如黑夜般的闇。

一九九〇年，蕭春梅老師是第一位把靜思語抄錄在黑板上，與小朋友分享的慈濟老師。她聽進證嚴上人的話：「地上種了菜，就不易長草；心中有善，就不易生惡。」決心先在自己心裡種下好話的種子，她將陳美羿老師在筆耕隊裡所分享名之為「拾寶」的好話名句，轉抄在班級教室的黑板上，幾乎一日一則抄給學生，並鼓勵他們寫下心得。

其實，蕭春梅並沒有奢求什麼，只盼能在他們的心田裡，耕耘出一塊清涼地，同學間能「知緣、惜緣、再造福緣」，卻在無意之間，開了靜思語教學的先河。待一九九二年七月二十三日，慈濟教師聯誼會在花蓮靜思堂正式成立，「靜思語教學」也在慈濟教師們正式組織化之後，透過彼此分享、交流之下，進一步凝聚出《大愛引航》靜思語教學教材，讓品格教育更為具體可行。

堅毅火車頭 推動教聯跨全球

提起「教師聯誼會」的組織性、創意力與行動力，就不能不提一九九八年接任全臺教聯會總幹事的陳乃裕。他是微積分名師，當年臺北市南陽街微積分的補習課被他包了三分之二，學生報名上他的課，一聽不合適，就到第二家，發現又

接任慈濟教師聯誼會總幹事的陳乃裕，用心推動靜思語教學，並多次帶領教聯會老師前往海外人文交流，至今仍持續投入反毒教育宣導。照片提供／江昆璘，2005/04/16）

是他教，跑到第三家還是他，只好乖乖留下來上課。

補習班名師非常辛苦，折損率高，每年幾乎都會老師退出或生病，陳乃裕每星期只能休息一個上午，其餘時間耗在教室裡，苦不堪言。一九八四年，臺北資深慈濟志工林雅美帶他去花蓮參訪慈濟，他看到慈濟醫院，直嘆自己來得太慢了，牆壁裡沒有一包水泥、一根鋼筋是他捐的。從此他每月親自到林雅美家交功德款、暢談慈濟，也勤讀慈濟的出版品，聽上人開示的錄音帶。後來，有學生抱怨，說他有一半的時間在講慈濟，不講微積分。

陳乃裕的個子不高，卻有宏大的願景，外表木訥拘謹且嚴肅自律，他的邏輯性強、條理分明、思路清楚、表達精準，記憶力奇佳。一九九四年任北區教聯會總幹事，四年後又承擔全臺教聯會總幹事，他用企業化經營的理念，將每一區設定一位區幹事，帶領這一區的老師。在他的強力推動之下，教聯會蓬勃發展，分為北、中、雲嘉南、高屏、東等五區。會員從成立之初的一千五百位，急速增加為兩萬餘人。

為了推廣靜思語教學，教聯會大動員，陸續辦了許多茶會、成果展，陳乃

北區教聯會尋根之旅，分享靜思語教學的成果。（照片提供／蔡淑燕，1995/07/17）

裕更成立編輯組，找來呂素琴、古宏深夫妻，結合一百多位老師一起收集資料、試教，一九九九年出版了第一套《大愛引航》小學版，內有教學指引及學習單，獲得極大的好評。編輯組再接再厲，於二○○五年出版第二套《大愛引航》。二○一六年的第三套《大愛引航》，則是曾裕真老師回慈濟基金會宗教處服務之後，再一次發動全臺慈濟教聯會老師，一起編輯出來的教材。

教聯會指導師父德宣師父指出，陳乃裕很有規劃能力，做事也很有執行力。他挖掘並帶領出許多人才，將各項教聯會活動辦得有聲有色，舉凡寒暑假靜思語教學研習營，或是將靜思語教學方法透過海外人文交流，擴散到全球有慈濟志工的地方，都是教聯會老師群策群力，一起打拼出的成績單。

教師聯誼會每逢寒暑假，在花蓮舉辦的營隊活動或是「尋根」，都是許多老師最幸福的記憶。為了更加瞭解慈濟，許多老師都是第一次來到在精舍，感覺上卻好像回到久別重逢的心靈故鄉，在這裡找到溫馨，以及人與人之間自然而然的互敬與互愛。精舍師父對教聯會老師的尊重，從在齋堂用餐的位置可以看見，每逢教聯會老師歸來，不論當天有多少師父、基金會同仁或其他志工，師父們總是把老師們安排在前段座位。

有一回，教聯會陳秀甄老師注意到精舍師父都坐在齋堂後段，老師吃的是熱騰騰的桌菜，師父們卻是吃惜福的剩菜，這樣的禮遇，陳秀甄當場感動淚流。那一天，她還看見師父們都要下田耕作或透過做蠟燭等手工，勤儉辛勞，連吃完飯，碗要用惜福水沖一下喝完，碗盤清洗前要刮油，再用茶籽粉洗碗……一趟尋根之行，讓陳秀甄及老師們感受並理解到身教、境教的重要。

教聯會老師的精進勇猛，總是樂於學習並樂於分享，各區平日辦靜思語教學研習活動，寒暑假在花蓮舉辦全臺的精進研習營隊活動，更會因應海外慈濟辦慈濟人文學校的需要，遴選靜思語教學經驗豐富、優秀的教聯會老師組成人文交流團，從一九九八年起開始前往海外進行人文交流活動，直至新冠疫情爆發後，仍持續用線上視訊方式與海外互動。

法船再擴隊　大愛舵手續引航

三十年來，北區教聯會人才濟濟，承擔了許多全臺教聯會共同的帶動與發展任務，也培養出許多人才。隨著慈濟落實社區，二〇〇三年推動「四法四門四合一」新制後，志工組織架構也因應調整。二〇〇九年證嚴上人就社區功能團隊發展提出「歸類功能，普遍協助」，故宗教處開始研擬社區教育功能團隊整合；隔年，北區產生教育功能團隊合心會務窗口，隨著北區組隊擴編，二〇一六年北區一分為三個合心區，故也產生三位合心功能幹事，分由三位優秀教師來繼續掌舵：北一區李美金老師、北二區余麗卿老師、北三區蘇月菊老師。

一九九五年，李美金老師接受慈濟委員林錦貴的邀約，參加了一場教師家庭茶會，聽到林慎老師分享做慈濟讓她病痛消除，師生也結了好緣，李美金老師非常感動從而投入。

總是活力充沛的李美金老師，因為靜思語教學研習，走遍了全臺各縣市學校，也前往離島金門、馬祖、澎湖、小琉球分享。教聯會和《經典》雜誌於二〇〇三年開始，在各地舉辦「地球校園」研習，介紹最優質的社會領域教學資源，李美金投入講師行列六年，也幫助老師們研發相關教材，學生培養閱讀自學能力。

和藹可親的李美金，人緣好到「凡走過必留下友誼」，隨著她長年從事海外人文交流，每一個地方的慈濟人都愛「美金老師」。她在教學更是精進不懈，曾經榮獲特殊優良教師獎、創意教學獎、大愛教育獎、國立臺北教育大學傑出校友獎和教育奉獻獎，她卻謙稱能受獎都因為做慈濟，才能翻轉人生，幸福無比。

余麗卿（右一）指導大愛媽媽靜思語教學遊戲。（照片提供／孫保源，2017/10/06）

北三區教聯會幹事蘇月菊，曾任臺北市公立高級職業學校聯合招生委員會總幹事，三度入闈國家闈場當闈長。外表看似嚴厲，其實是內心溫柔婉約且深具愛心。她應慈濟大學人文處范德鑫教授邀約，在慈濟大學聯課活動開設花道課程，可說是多才多藝，甚至獲得上人讚為「蘇老師做什麼像什麼」。

而生長在基隆的小村落的余麗卿老師，靜時沉靜內斂，動時活力十足，退休前教國中家政，更是心細如髮，規劃任何事都鉅細靡遺。她長年在營隊擔任生活組窗口，任何變化球都親領團隊共同承接、解決，清潔環境、奉茶點、裝餐盒、鋪床單……等等，她都用「挑柴運水無不是禪」的修行觀看待。凡事放下身段，承擔很多，壓力很大，但遇到委屈，從沒見她面露不悅之色或批評任何人。

北區教聯會在諸多人品典範的帶動下，不論是在慈濟社區或是教育場域，每一位老師穿起大禮服，端莊素雅猶如天上繁星下凡來，一旦換上「青天白雲」，又化為一個個肯吃苦耐勞，認真在各自崗位。他們好像螢火蟲般，哪裡需要光照，就在哪裡發光。

提供｜陳麗雪

震動大愛 中區教聯種下希望

盧春安、陳素蘭

中區教聯會能順利成立，劉阿照功不可沒。

一九九〇年，中區慈濟志工在臺北的陳美羿老師帶動下，也成立了慈濟筆耕隊，資深慈濟委員劉阿照擔任第一任隊長，廣邀筆耕隊隊友。過了一年多，陳美羿開始籌備成立慈濟教師聯誼會，劉阿照也相當支持，遂與中區委員們達成共識，將筆耕隊長職責傳承給曾欽瑞；她則為成立中區教聯會四處奔走，一九九二年六月七日召集中部六縣市教師三百多位，在民權路臺中分會召開中區慈濟教聯會成立大會。

同年七月二十三日，北、中、南區教聯會於花蓮靜思堂召開全省慈濟教聯會成立大會，有了組織架構之後，劉阿照得證嚴上人認可，擔任中區教聯會總幹事。

拓展筆路成康莊

劉阿照除了在中部六縣市奔走促成各縣市慈濟志工都成立教聯會，安排規劃共修、研習、交流之外，她經常與陳美羿老師與南區的總幹事陳也春聯繫、

郭孟雍教授（左一）和劉阿照（左三），向證嚴上人呈教聯會會歌。（照片提供／劉阿照，1993/05/22）

互動，也勤於繞過半個臺灣去到花蓮靜思精舍，向上人請示如何發展教聯會。

她以培育孩子般的用心，中區教聯會不斷茁壯，人數持續增加；她也為了教聯會的會歌、會徽、服裝，常在花蓮向德宣師父請示作法，也向臺北林臣英請教制服設計，常常奔走於臺中、臺北、花蓮之間，終於順利催生出教聯會會徽與服裝。

在平時，劉阿照與教聯會幹部每月定期策劃大小型活動，廣邀更多老師加入教聯會，小型活動在各縣市舉辦，大型活動則由臺中市規劃。活動進行時，邀約受證委員、慈誠來承擔隊輔及隊輔長，讓老師們能親炙慈濟人文，感受溫馨如家的氛圍。

每逢學校寒暑假，是老師們進修、充電的好時機，中區教聯會就策動一批批老師，回花蓮精舍參加尋根活動及三天兩夜的幹部訓練營，有上人、精舍師父指導，連老師們住宿使用的寮房衛浴，都是精舍師父打掃，用餐也是精舍師父準備，讓老師們如回家一般能心無旁騖，專心學習。

中區教聯會經過了幾年的共修、研習、幹訓等學習活動，逐漸成長茁壯，劉阿照的積極與投入，著實功不可沒。但上人常說：「人群之中好修行。」劉阿照承擔中區教聯會總幹事，本身卻非教育工作者，帶動上也難免會遇到挫折。有一回，劉阿照請求上人開示，如何化解人我是非的煩惱。上人則提醒道：「要當凡夫嗎？」讓她肅然一驚：「原來上人是要我凡事善解包容。」

劉阿照真心任事、誠懇待人，有幾位老師在劉阿照的調教下，既能配合也能承擔；一九九八年之後，楊貴琴老師接棒成為第二任中區總幹事，既具備了老師身份，也是慈濟委員，連同其後幾任的中區教聯會總幹事，無不都是德才兼備的人才。

驚世災難大承擔

一九九九年九月二十一日，南投集集發生大地震，中部縣市首當其衝，許多學校受災嚴重。中區慈濟志工於當夜即投入救災，隨後上人親自來到臺中坐鎮指揮，全臺慈濟志工總動員，全球慈濟分會同步募心募愛。

對中區慈濟而言，不管受證委員、慈誠與否，人人都是志工，教聯會老師也加入行列，一起進入災區從事勘災、訪視、發放等等工作。教聯會教師兼委員雙重身分的蔡月女與楊易明夫妻、盧春安與劉振慶夫妻，以及洪妙禎老師等人，幾乎都是天天外出，披星戴月，馬不停蹄於臺中分會與災區之間。

盧春安老師在一九九二年中區教聯會成立時，她是籌備委員之一，也是慈濟委員，因此地震發生隔天一早，她就到學校檢視教室，發現沒有毀損，然後就跟校長請假，「我要去救災。」隨即投身慈濟隊伍，發揮了莫大作用。

九月二十二日的晚上，慈濟調集了一些救災物資要送到南投，盧春安因為婆家在南投，就接下了領車的責任。即將要上中投公路之前，對講機傳來訊息，九輛物資車中有兩輛車胎壓不足。盧春安緊急尋找路邊的修車廠，看到一家電機行，儘管鐵門已經拉下來了，但大隊仍還是停下來。沒想到人剛下車，鐵門就打開了，原來店主看到了一列車，車子還貼著救災的標識牌。「救災第一！」店主發現其實每一輛車都胎壓不足，就馬上幫每一輛

九二一地震後，中部地區開辦兒童親子成長班，盧春安老師（持麥克風者）進行課程設計指導。（照片提供／盧春安）

車都緊急打氣、檢修。盧春安暗慶：菩薩保佑！

有一天，盧春安到東勢林場助念、陪伴關懷，放眼望去，林場擺放了數不清的棺木，內心淒然，後來得知因為搬運過來的罹難遺體，無法事先丈量大小，都是現場才找合適的尺寸……盧春安坦言：「我心裡當然害怕，但是，我要給家屬依靠！」時序入秋，盧春安與志工們在淒風中一一為鄉親送上鹹粥、湯麵等熱食，並溫言勸慰道：「你們要補充體力。」有些人接受好意，吃了熱食，才發覺真的餓了，溫暖減輕了他們內心的慟。

希望工程傳笑聲

地震之後，臺中縣市與南投縣多所學校的校舍毀損或成危樓，基於「教育不能等」，慈濟迅速在上人的圈選下，決定在中部地區援建五十所中、小學校舍，名為「希望工程」。

除了硬體建設，北區教師聯誼會也希望針對希望工程學校進行軟性的人文交流活動，於二〇〇〇年一月，北區教師聯誼會九十八位老師首次拜會南投國

結業證書

蘇博翊同學，恭喜
你參加竹山地區第二
期「震動大愛　重建
校園」師親生成長班
，認真學習，圓滿結
業。

特須此證

慈濟教師聯誼會
竹山國小　社寮國小
延平國小　鹿谷國小
社寮國中

中華民國89年12月23日

「震動大愛．重建『笑』園」親生成長班結業證書。（照片提供／慈濟基金會）

「震動大愛．重建『笑』園」親生成長班，於臺中縣新社鄉新社國小舉辦活動。（照片提供／王雪珠，2000/10/28）

小、大成國小、竹山國小及東勢國小，籌辦「靜思語教學研討會」及「震動大愛重建『笑』園—師親生成長班」。

北區教聯會蘇月菊老師回憶，為了投入師生成長班活動，當時都是每個月包遊覽車，凌晨兩點半從家裡出發，去到舊臺北分會集合，然後四到六部遊覽車，一起在凌晨四點出發，清晨就可以到中部地區的學校門口，直接展開活動。而下午活動結束，還要與當地學校校長、老師舉辦「檢討會」，精進活動模式；回程通常已是傍晚，北區老師們搭遊覽車的路上，就在車上分享當天的所見所聞，搖搖晃晃當中，回到臺北已將近深夜。

中區教聯會副總幹事蔡月女老師有一回帶著社區會眾參訪希望工程學校，在南投竹山國小聽校長陳清水說：「親愛的菩薩家人，你們知道嗎？我們北區的師兄師姊開著遊覽車，披星戴月，一直往著我們這來，到了我們竹山國小都已經快六點，他們才下來吃了早餐，開始布置場地準備上線……」

蔡月女形容自己「頭低得不能再低」，深感無地自容，滿心慚愧，「同樣是老師，為什麼我不知道有這個福田；同樣是老師，為什麼我沒有北區的毅力和勇氣；同樣是老師，這是我們的家，我們中區，我為什麼沒有做，為什麼讓他人這麼辛苦？」

當時中區教聯會也號召老師們參加，有一百多位退休教師也共襄盛舉，但考量年長教師的體力，先分兩組就近關懷文山國小與太平國小，半年後，參與的教師增加了，再分組，兩所學校增加為四所學校。蔡月女說：「中區起步慢，希望工程是兩年工期，只有三學期可以做，我們必須把握時機，跟時間賽跑。」

經過這場「震動大愛 重建『笑』園」的洗禮，教聯會教師都信心滿滿，在九二一關懷校園的階段性任務結束後，老師們也回歸社區，結合志工們，成立親子成長班，各社區遍地開花，把慈濟人文的芬芳，灌溉在這片歷經創傷的土壤。

提供｜莊慧貞

暴雨驕陽　南區教聯春風化雨

朱妍綾

「慈濟很需要老師的力量，老師更需要慈濟的精神。」一九九二年五月二十四日，屏東慈濟分會有一場「慈濟教師專業聯誼會」成立大會。證嚴上人期勉在場老師，能擔任老師這種「正業」，是種福報，老師們都應擔負起任重道遠的教育使命，扮演好自己的角色，並具體落實「慈濟精神在校園」，以達到淨化校園、淨化人心的宗旨。

慈濟年輪緩緩滾動，因應時代所需的功能正孕育而生。臺灣社會自一九八〇年代中期，因「臺灣錢淹腳目」後衍生的投機氣息，「大家樂」賭博歪風雖然經過打擊遏止，但人心向利的趨勢卻難阻擋；在品格教育一詞還沒被廣泛提倡之際，卻已有老師因為《靜思語》的出版而看見教育的生機，把靜思語融入教學之中，引導學生做人做事的道理。

一九九二年，在「慈濟教師聯誼會」正式成立之前的兩個月，南部地區慈濟志工已將教師組織起來，共有二百四十九位教師報名參與這場「專業聯誼會」，幾個老師們報告他們推展慈濟精神在校園的成果，最後藉著分組研討，老師們彼此交換教學心得。

第一位將靜思語融入教學的教聯會老師尤振卿（左）。（照片提供 / 楊孟仁，2012/07/20）

屏東市大同國小尤振卿老師以兩年多來積極以「靜思語」等慈濟精神融入學生生活教育的經驗來分享，謙虛地自認是「才破了殼的小雞」，走路仍搖搖晃晃。他將自己如何運用靜思語融入生活倫理教材，生動而具體地報告令人意想不到的成果。

數十年的教書生涯，對某些人而言，可能早已彈性疲乏；然而尤振卿老師因為接觸靜思語，並把靜思好話的精神融入教學，帶給他的振奮與喜悅，使他忘卻長年教學的辛勞。他並舉了一個例子：

一位學生的父母因感情不好而冷戰，這位可愛的學生就將上人的話：「待人退一步，愛人寬一寸。」學生把這句話，用字條寫了十幾遍，分別張貼在家中明顯處，父母親看了，感到孩子的可愛外，更自我檢視為人父母的身教，就結束了夫妻的冷戰，和諧了家庭的氣氛。

召集人高雄區資深慈濟志工陳也春也在會中表示，教師聯誼會的組織，因緣之殊勝，實具重大意義。

小螢火蟲　群飛閃亮

一九九一年底，來自高雄，第一次穿上培訓委員制服的朱妍綸與朱妍綾兩姊妹，她們在教育界奉獻已久，此時隨著資深慈濟委員羅品惠等人來到屏東靜思堂參加歲末祝福活動，卻像個新入學的學生般充滿好奇。

靜思堂的迴廊上，月光灑落一片晶瑩，這是眾人最期待的時刻，上人要發紅包了。上人慈懷堅毅地開示後，緩緩走向圍爐的弟子群中，親自為弟子們送上紅包結緣。上人的動作，如水輕柔，明淨不染一塵。

姊妹倆雙手捧住紅包，耳畔傳來羅品慧適時提點：「朱妍綾、朱妍綸，你們倆何不將慈濟人文帶入校園？」兩位姊妹一時怔住，半晌說不出話來，心中卻有靈犀，「原來，第一次領紅包的意義非凡。原來，明師就在眼前！」

隔年，高雄區教師約三十位，在莊敬國小呂美雲老師的家中聚會，參加者包括資深委員陳也春、朱妍綾、朱妍綸、蔡美惠、蔡麗盆、吳秀娥等人，共同研商「如何將慈濟真善美的精神深植於校園」，他們反覆討論幾個議題：「那些整日忙碌的老師們，還能接受慈濟的教法嗎？」「認為靜思語有宗教色彩，不了解，怎麼辦？」自問自答之間，答案豁然開朗：「哈哈！這是校園好話教學。」大家如此決議。

大愛，超越時空、種族、宗教，誰不能在大愛的天空裡飛翔？換一個方式，開展了靜思語教學的契機。

七月二十三日，在北區、中區、南區都紛紛凝聚了老師群體之後，因緣具足，全臺教師聯誼會在花蓮靜思堂舉行成立大會。南區教師在陳也春、陳昭和與吳慈同師姊一路接引下，也搭遊覽車前往花蓮參與盛會。當天，教師們穿上

南區教師代表參與慈濟護專人文課程研討會。（照片提供／陳也春，1994/10/23）

綠色旗袍，呂美雲老師上臺分享；屏東徐雲彩老師；高雄朱妍綸、朱妍綾、林秀霞、余令桂；臺南蘇美錦、王貴美，還有後來在精舍出家的德稐師父、德檠師父等人默然安坐。一行人，約一千四百餘名教師，聆聽上人慈勉。

上人深切期許：「教師是耕耘學生心田的農夫，培育幼苗猶如培植菩提樹，要用心澆灌、悉心照拂，使之成長茁壯，以庇蔭人生的炙熱。」上人的聲音如洪鐘嘹亮，叩響人人心靈最深處。

南區慈濟教聯會成立了，在總幹事陳也春的帶領下，眾人需要有個共學的場地，大家才能凝聚巧思智慧。在當時任教高雄工專陳朝麟老師全力支援下，商借高雄工專，展開一年十期的教師專業成長課程。課程包含慈濟歌選教唱、專題演說、慈濟教師現身說法等，並邀請有意願者輪流承擔主持人與個人現身說法。大夥兒集聚一堂，喜樂融融，也相互激盪出許多精彩的課程。

除了平日的研習活動，一九九四年在總幹事陳也春帶領下，一行人在高雄火車站的公車處集合，欲搭乘晚上十一時許的「金馬號」公車前往花蓮，參加在慈濟護專舉辦的人文講座。一段很奇妙的學習，從搭上金馬號的車開始，八月的天氣，不是很涼，大部分的人都帶了小毯子，準備上車睡覺。想不到，資深委員車上的分享，說著說著，大家忘了路途的顛頗，一路回到花蓮。

「我不是笨，而是聰明和別人不一樣。」聽當時任板橋地方法院少年保護官的盧蘇偉，分享永不放棄任何一個孩子的決心和毅力，令在場每一位聽講者感動得熱淚盈眶；時任慈濟大學洪靜原執行秘書的無悔教育愛，更加強了老師們的信願行。

這一趟非常「人文」的課程，收攝了參與者所有紛擾的念頭，堅定大家走在慈濟教育路上，迎接接下來，所有重大又艱困的挑戰。

風雨摧殘　大愛守護

二〇〇九年八月八日的那一天，中度颱風莫拉克為高雄市帶來了豪雨，山崩地動，土石流掩沒了小林村，親人生離死別一瞬間！有幸逃離死神魔掌的人們身心俱疲，默默祈求上蒼憐憫護持……雲山蒼蒼，濁水泱泱，誰來挽救他們那顆瀕臨絕望的心靈？

臺灣慈濟基金會展開了安身、安心、安居計畫，在地的高雄慈濟志工儘快協助受災民眾暫時安頓在燕巢鳳雄營區、高雄農場、陸軍兵工學校、鳳山黃埔營區等地方，以實際行動接引他們穿越生死無常的黑霧，活出生命自信的勇氣。

八月三十一日，桃源鄉五校：桃源國中、桃源國小、興中國小、建山國小、樟山國小透過異地復學模式，學生如期於和春技術學院的舊校區開學了。

慈濟志工走進校區展開關懷陪伴行動，得知該校學生家長被安置在鳳山黃埔營區、燕巢鳳雄營區，礙於環境的限制，學校將近四百名學生必須住校，等周五放學再統一坐車回營區與父母親相見。於是，慈濟基金會宗教處曾裕真與高雄慈濟教育團隊結合，在和春技術學院的舊校區展開了「有愛就有希望安學輔導」，一路就陪伴到今日。

猶記九月二日，那是慈濟教育志工來到異地復學的和春技術學院的第一天下午，鐘聲響起，上課了，六十多位慈濟志工老師帶著不同年級的教材教具，各自往教室的方向，一眼望見幾位學生正如松鼠般靈巧地跳上窗戶，再從窗戶跳進教室準備上課。

初相見，教聯會老師使盡渾身解數，卻全不見學生乖乖坐好，有些孩子趴睡在桌上，有些孩子捲曲在棉被裡，有些孩子擠進大型的垃圾桶裡翻滾，有些孩子把洗畫筆的桶子當帽子戴，有些孩子將教室裡的電視、桌子、椅子當大小

莫拉克風災後課輔活動，王萬泉老師 (本尌) 陪伴孩子們學習獨輪車。（照片提供／莊慧貞，2018/05/16）

石頭，穿越上下，還有些孩子雖然靜默地坐著，卻是背對講臺，仰望窗外烏雲天，進入沉思……

見此光景，慈濟志工老師們雖身在教室裡，心上卻暗暗叫苦：「天啊！大風起兮雲飛揚的教室樣貌，怎麼上課？這是志工老師這輩子教書以來，未曾見過的神妙風景！」

慈濟教育志工心念一轉：「來，我們來玩大風吹！」教室裡，風兒，開始吹呀吹！掀開了裹在棉被裡的孩子，叫醒了閉目養神的孩子，摘下了孩子頭上的「水桶帽」；風兒再次輕輕吹過，躲在垃圾桶的、陷入沉思的孩子也都醒過來了；風兒繼續吹，把課程吹到教室外面去了。「哈！哈！哈！你追不到我的，我就是不進教室上課，看你怎麼辦！」兩位奔跑的男孩臉上寫著：「志工『老』師肯定追不上我的，真是好玩的一堂課。」

的確，教聯會老師的體力雖然追不上他們，卻會以各種方法走進他們的生命裡，帶著大家一起體驗生命路上的飛煙與光燦。

始於關懷　終於安心

當異地復學的安心輔導進行了一個月了，一所國中、四所國小孩子們的心安定下來了，無論在學習或行為上都漸趨良好。孰料，政策調整下，有三所學校要遷移到鄰近的大衛營渡假山莊住宿。

九月十五日，搬家的第一個晚上，教聯會老師隨著三所學校的師生們來到大衛營渡假山莊。孩子們是興奮又緊張，開心又焦慮，期待又失望，他們的心開始浮動，行為開始失序——夜間課輔開始了，有位孩子趁機跑出教室，遁入黑夜的原野中，讓大人們急得像熱鍋上的螞蟻，一直找，一直找。後來，志工與老師們帶著全班孩子溫情的呼喚，終於孩子出現了，抱著教聯老師痛哭，惶恐、不安、焦慮的情緒在孩子心中翻騰。

慈濟志工採取一位孩子由兩位志工陪伴方式，陪孩子高唱〈愛的真諦〉，「愛是恆久忍耐，又有恩慈；愛是不嫉妒……」逐漸地，孩子的心平靜下來。

剛到大衛營山莊的前一個星期，孩子們的情緒始終浮動不安，時常藉機出去走一走。一天，一位女孩在惶恐不安中，甩開老師，從上課的一樓大廳衝上八樓的寢室；又看見志工總是不離不棄地陪在身後，覺得有點煩，再次從寢室直奔一樓的大廳，對著正在大廳聊天的旅客們咆哮：「慈濟老師是魔鬼，他們會抓人，我不要他們跟著我！我不要！我不要！」大廳裡的人群一時起了騷動。

志工想要抱起正在地上翻滾的女孩，小孩子哭鬧得更兇，狠狠地往志工的手咬了下去……「孩子，乖乖，不怕！不怕！我在妳身邊！」教聯會老師將孩

慈濟基金會「有愛就有希望，安學課輔計畫」，由高雄慈濟教育功能團隊志工為住進永久住宅的國小學童進行課輔，吳旗津老師耐心教導學童做功課。（照片提供／唐江湖，2011/12/11）

子摟入懷中，在大廳的遊客們目睹這一景象，憐惜地說：「這次的風災幸虧有慈濟人，這群孩子遇到了貴人了。」「你們辛苦了，我們要向慈濟人深深一鞠躬。」

慈濟志工感恩地表示：「證嚴上人教導我們，行善是本分事。」

女孩的情緒在眾人愛的膚慰下漸漸平復了，隨即志工老師帶著這位女孩回到教室繼續上課。而在那天晚上之後，小女孩也變了，每天晚上準時上課，很守規矩，有時還會向志工們撒嬌。

慈濟志工老師深深體會證嚴上人慈示：「『愛』千萬不要縮小範圍，不能只愛我自己，也不能只愛與我有關係的人，愛要無所求，愛得很普遍，這才是法愛。」

安心輔導的最後一堂課，志工老師們依然準備好三個年段的教材，準備為孩子們上課。教室裡，怎麼孩子們全都不見了？正陷入一頭霧水之際，班長來請志工老師上樓去。

志工老師一踏進教室，猛聽得孩子們如雷的掌聲叫喊：「謝謝慈濟老師無私的奉獻，伴我們度過無數的夜晚。要記得回到部落來看我們喔！」孩子們清亮悅心的歌謠傳送著祝福與感恩。

生命，對孩子而言，是去感覺的，不是用言語訴說的，也只有從生命裡活過來的人，才知道如何掌握生命的清淨與自在。

提供｜陳正忠

職志合一 教育志業不請之師

許玉鳳、曾裕真、王貴美、曹芹甄

慈濟自一九六六年創建以來，若以每十年視為一個「年輪」，前三個年輪正好依序是「慈善」、「醫療」、「教育」，一九九七年四月六日，證嚴上人向慈濟會眾與志工們首次表達「教育完全化」的概念，「慈濟第三個三十年，目標在開拓四大志業的『四化』工作：一、慈善國際化。二、醫療普遍化。三、教育完全化，預計公元二〇〇一年完成。四、文化要深度化。」

這個「教育完全化」即是慈濟教育志業體系學校，從小學含幼教，漸次往上的中學、專科與技術學院，連同大學以上的高等教育，都有慈濟所辦的學校，讓學子們可以一以貫之，在慈濟的教育體系下涵養出具有品德與專業，社會發展所需的全方位人才。而這個理想的實踐，仰賴著慈濟教育志業體的各級學校，不僅有硬體建設，更需要與上人同志同道的軟體——學校教職員，共同為慈濟教育志業來打拼。而慈濟教師聯誼會的老師們，就是這個軟體之中，最具備「職志合一」條件的人選。

慈濟教育完全化　最後一哩路

上人的心中一直有一個完全教育化的理想，在慈濟護專、慈濟醫學院相繼成立後，接下來就是慈濟中小學了，有一天上人對國立彰化師範大學輔導系曾漢榮教授說：「你是專門在教如何成為中學老師的老師，是不是在可以請你來籌備慈濟中學？」於是，一九九七年，曾教授回到花蓮為慈大附中的建校籌備規畫。

同年四月，慈濟基金會林碧玉副總執行長問楊月鳳校長何時退休？楊校長很直爽的說：「隨時都可以啊！」林副總緊接著說：「那可以回來花蓮籌備慈濟小學嗎？」楊校長原先心想不可能，因為四月份才提出退休申請，六月就必須拿到退休令，時間上是有困難的，再加上政府的年度退休預算，早已經編列完成。不過楊校長還是覺得應該盡力一試，於是親自寫公文、跑公文，進行多方的溝通協調，才順利完成退休手續，如期地在六月份拿到退休令。

一九九七年八月，楊月鳳校長來到花蓮報到，立即著手籌備創校事宜，創校過程充滿艱辛和挑戰。一切從無到有，凡事都得親力親為，當時與曾教授一行人特地訪問美國、日本，和臺灣類似的私立學校，汲取設校經驗，除此之外繁複的法規、地目變更、環境影響評估等事項，壓力沉重。

籌備建校將近三年，慈濟中小學在一九九九年七月十一日舉辦動土儀式，但不久後即碰上了九二一大地震，深知教育不能等的上人看見更多急需校舍的孩子，因此暫且放下慈中小的工程，全力投入希望工程的援建。這一個舉動也感動了楊校長，想起自己所受到的辦校壓力和上人比起來，根本是芝麻小事。她調適好心情之後，知道這是自己該挑起的責任，答應了就應該信守承諾，克服心理的障礙，積極地為建校做好準備。

在多方努力下，二〇〇〇年終獲教育部核准兩校立案與招生，八月三十日舉行創校開學典禮。身為一所學校的掌舵手，楊校長清楚師長的身教、言教及環境教育的影響，尤其現在越來越複雜的社會，品格教育、生活教育比課業上的要求更形重要，這樣的辦學理念，為慈大附小奠定了厚實的品格教育基礎。

實踐許下的諾言

一九九四年加入教聯會的許玉鳳老師在二〇〇一年當上教務主任，把靜思

許玉鳳主任（左二）榮獲花蓮縣教育會「愛心模範教師」。（照片提供／陳惠萍）

語教學延伸融進九年一貫課程發展的綱要裡面，為學校贏得一個國中課綱典範的獎勵。然而在她的心中一直有個心願，她一直記得一九九九年七月十一日慈濟中小學動土時，上人輕聲提到：「希望教聯會老師要回來喔！」

因緣在二〇〇三年，許玉鳳老師從事教職已屆二十八年時成熟。在慈濟教聯會全臺總幹事陳乃裕師兄的引薦下，曾漢榮校長提到希望許玉鳳老師到慈中任教。許玉鳳老師旋即從原學校申請退休，來到花蓮慈中接下教務主任工作。她與同為教聯會的曾裕真老師一起回到花蓮，開始從學生的生活教育，老師的人文教育著手強化並用心建立學校的特色。

許玉鳳老師在教務方面相當有經驗，她誠懇地拜訪並敦聘有經驗的退休老師來兼課，有北一女中、建國中學、花蓮女中、花蓮高中等優秀退休教師，和其他私校名師，他們教學經驗豐富，口碑都很好，雖然學校沒有特別優渥的鐘點費，各界的名師秉著教學的熱忱都願意來花蓮成就慈濟的教育，也吸引全臺各地的孩子來花蓮就學。

此外在慈中實施靜思語教學看似必然，但並不是每一位老師都熟悉或接觸過靜思語教學，所以許玉鳳主任規劃教師深耕研習，希望導師、任課老師將靜思語教學融入自己的教學領域與班級經營，每月的分享會中，邀請大家分享如何運用靜思語做為教學法寶，也邀請各地教聯會老師到校分享經驗。

教育不能急也不能等

同樣在二〇〇三年回到花蓮服務的曾裕真老師，她與慈中的因緣要回溯到二〇〇二年，曾裕真老師向公立學校申請了留職停薪一年，來到慈濟基金會教育志業發展處當志工，當時的慈大附中曾漢榮校長希望借重她的教學與輔導經驗，協助慈大附中年輕的老師，於是她搬進宿舍，開啟了每週三天在慈中教課的不解之緣。

曾裕真老師生動又靈活的教法，雖然嚴格但同學的成績卻有長足的進步，此外她也不忘實施靜思語教學。就在一年快結束時，學校希望她正式留下

曾裕真主任（右一）於慈濟中學進行靜思語融入性別平等教育教學觀摩。（照片提供／廖逸貞）

來任職，起初老師以家庭為由婉拒了，但在她邀請先生到花蓮一趟後，事情有了轉機，先生對曾老師說：「慈濟需要人才，這麼大的志業體，如果只有硬體沒有軟體是不行的。我知道你的個性，如果你覺得你做得到而沒有去做，你一輩子都會掛記。我答應妳留下來服務，妳和我的爸爸、媽媽，還有小孩，我都會去溝通。」

之後在靜思精舍，上人也對曾裕真老師開示了一句深刻的話：「教育是一條漫長的路，不能急；但是學生的學齡有限，也不能等。」於是，她在二〇〇三年七月接任慈中學務主任，首要工作就是如何在慈濟中學實踐慈濟人文。

慈濟人文展現於外就是生活教育，涵養於內即是品格教育，要從落實生活教育開始，而這些條條框框要套用在青春期的孩子上又更不容易，他們注重自我形象、尋求獨立自主，又對新事務好奇，喜歡冒險等，因此可以想見要他們接受制服、髮禁、住宿規範等是多麼不容易的事。因此曾裕真主任制定了許多新制度像是：生活輔導規範新制度、衛生環保推動新規劃、宿舍生活管理新辦法、文藝育樂活動新面貌、強化社團推展新思惟等，在兩者之間取得平衡，也讓學校有了新風貌。

那是一段「篳路藍縷、以啟慈中」的過程，但曾裕真老師卻樂在其中，即使要馬不停蹄的來回溝通卻也不覺得苦。她選擇做喜歡做的事，做就對了；再多困難都要去樂觀面對、勇敢處理，只要是對的、無私的，最後一定會成功。

大愛育才臨府城

慈濟教育志業從花蓮向外延伸的第一所學校在南臺灣開展，二〇〇五年臺南慈濟中小學動土了，當時臺南教聯會王貴美老師見到學校欠缺志工，開始萌生退休教職的念頭，希望可以全職做慈濟，陪伴建校工程的進行，多次與先生商量後，終於同意她從南英商工退休，這也開啟了王貴美老師在學校建築工地打雜的生活。

某一天，靜思精舍德旭師父和楊月鳳校長前來面試未來臺南慈中、小的行政人員，王貴美原本在旁陪同，卻在面試正式開始前，猛然發現今日的面試名單中有自己的名字，還保留了兩個小時的面試時間。她充滿疑惑地詢問德旭師父及楊校長，兩人回答：「上人希望您能承擔人文室主任。」這一句話，雖然讓老師很吃驚，但心裡想著：「上人說了，弟子做就對了！」

二〇〇七年八月二十二日上午，臺南慈濟小學舉行創校開學典禮，王貴美主任明白肩負「教育人文」使命的重要性，她參考前人留下的資料，再加上自己的教學經驗與在教聯會

新生始業活動，人文室主任王貴美為轉學生介紹校園及各處室。（照片提供／郭美秀）

的經驗，讓人文課程及人文活動的規劃有了基本的架構。但創校初期百事待興，王貴美主任每天都早早到學校，晚上七點後才能回家，雖然天天都像陀螺般打轉，但內心很歡喜，逐漸上手校內「橋樑」的角色，不僅要和校長、老師們溝通，還要關懷每一位同仁、志工和學生與家長，才能把慈濟教育人文與關懷，在潛移默化中傳遞下去。

一念之間

走入校園，心中帶著滿懷的抱負，腦中建構教育的夢想。

教育路上，挑戰不斷，一次次的挫折慢慢累積成經驗、一句句的靜思語把感動化成行動，原來沒有教不會的學生，只有找不到方法的老師。

一路走來，恆持初心，用媽媽的心愛別人的孩子，用靜思大愛讓教育飛揚，展開一頁頁動人的篇章。

提供｜謝素燕

青春迴旋曲——謝素燕

謝素燕

青春是什麼？青春是盛夏的陽光，總是熱力四射，有時卻燥熱灼人；青春也是飄浮天際的白雲，靈動舒卷，卻捉摸不定。在高中任教的謝素燕，每天和青春洋溢的年輕學子在一起，時時感染那份蓬勃朝氣，卻也承受他們偶發的氣盛爆衝。

班級經營本來就是一門大學問，謝素燕身為導師，看著班上學生互相排擠，班級秩序紛亂，扮過白臉好言相勸，換過黑臉嚴厲整飭，但成效堪比夏天烈日下的冰淇淋，不僅瞬間無影，還沾得雙手黏膩。

就在她苦惱不知所措時，就讀小學一年級的兒子帶回一本《靜思語》，謝素燕仔細閱讀，發現明白易懂的字裡行間，處處都有深刻的哲理，句句都像明燈，指引她走出心中迷惘。她觀察兒子的班導師所實施的靜思語教學，讓兒子天天如沐春風，歡喜上學。

她決定把靜思語教學帶入自己的班級經營，透過舉辦小活動、營造同學之間彼此關心的互動氛圍，以境教讓學生們面對升學壓力時，仍能關注自身的品格養成。謝素燕堅信證嚴上人慈示：「沒有教不會的學生，只有還沒找到方法的老師。」並發願要用愛與智慧，以無盡的耐心，譜上曲曲動人的青春旋律。

序曲：生日不快樂

謝素燕立志要當一位富有愛心的老師，是因為過去求學期間，總是遇到有愛心又負責任的老師，在她心中樹立良師典範。當她如願站上教學講臺，總是經常自掏腰包購買獎品鼓勵學生，就算有學生犯錯也都是溫言相勸，從不疾言厲色責罵。

儘管她如此用心對待學生，班級有時仍會紛亂失序。這天，是班級每月一次的慶生活動，謝素燕照往例為壽星們訂製一個超大色彩繽紛的草莓蛋糕，給予學生最真誠的祝福。哪知，剛唱完生日歌，壽星們就像約好一般，竟然同時拿起蛋糕砸同學，全班哄鬧喧譁，幾近失控，直到下課鐘響，學生才停止喧鬧。

望著一片狼藉的教室，謝素燕既灰心又無奈，腦海忽然浮現上人慈示：「要當一個真正的良師，光有愛心是不足，『慈悲一定還要有智慧』。」當下她望著砸落一地的生日蛋糕，下定決心，雖然高中生課業壓力大，也一定要克服萬難，把閱讀過的《靜思語》運用在班級經營上。

謝素燕不再買大蛋糕了。當學生生日時，她會送靜思語小卡片給壽星，也把每月的慶生會改為感恩生日會，請壽星說出心中感恩。如果學生個別行為失當，她會用文字書信代替口頭責罵，也不忘附上靜思語小卡片，這才發現心平氣和給學生寫信，反而能說出真心的關懷，用真情感動學生，讓學生真正改過。有時遇到班級經營瓶頸，她也不忘運用靜思語來化解。

慢板：天使帶春風

她的班上，有一位口才極佳卻又愛為難老師的學生，仗著豐富的歷史知識，總愛刁難歷史老師，讓歷史老師多次氣極敗壞地來找謝素燕投訴，甚至萌生不再執教她班級的念頭。

謝素燕把學生找來，輕聲問著：「你知道你當眾給歷史老師難堪，她非常難過嗎？」學生理直氣壯地答著：「誰叫她身為歷史老師，連道光和光緒都搞不清楚！」謝素燕看著眼前這個慧黠又固執的孩子，原本還想動之以情，可是他如此年輕氣盛，佔了道理，卻絲毫不覺得自己行為失當。

謝素燕日思夜想，到底要如何改變他？謝素燕翻開厚厚的《靜思語》，又看到自己的座右銘：「沒有教不會的學生，只有還沒找到方法的老師。」她靈機一動，何不運用靜思語來辦個活動試試看，於是策畫了「春風天使」的活動，運用了十句靜思語當推薦單，例如：班上同學中，最經常面帶微笑的人、最能理直氣和的人、最能以理性和悅的態度向老師反應不同意見的人……請同學們互相推選班上最佳人緣者，得分最高的前五名為「春風天使」，能獲頒獎狀及獎品。

活動後，雖沒有收到立竿見影的效果，但班上氣氛變得更融洽了。慢慢地，任課老師也不再來投訴了；十年後，當年氣盛輕狂的孩子長大了，回學校拜訪老師，並說經過多年努力，已經考上國中歷史老師。師生開心地談著前塵往事，不覺日已西下，臨別時，學生輕輕地對她說：「老師，謝謝您！當年一直包容我。」看到學生變得如此成熟懂事，謝素燕心中除了滿滿感動外，也慶幸自己在靜思語中學會包容善解，才成就這美善的因緣。

圓舞曲：一瓶葡萄汁

謝素燕對班級經營的領略，從單向的愛學生，提升到有智慧地引導學生去愛別人，她舉辦「小師父大徒弟」活動，以各學科為單位，選出學業成就良好的同學當小師父，採一對一師徒制，指導該學科須要加強的同學，並告訴學生：「『小』師父要懂得縮小自己，『大』徒弟不要小看自己，更不要失去信心。』

除了運用靜思語解決班級經營的難題，謝素燕也選用靜思語印在每月的班級通訊上和家長分享；教室設置「心靈花園」專欄，附上相關的小故事和靜思語，讓學生在家庭、學校生活的環境中，耳濡目染地薰習靜思語真諦。

師生關係互動良好，就像宋蘇軾《留別叔通元弼坦夫》詩中寫著的這段話，「願存金石契，凜凜貫華皓」，喻寫著亙古不變的情誼。謝素燕不忘初衷，堅持兼具愛與智慧的靜思語教學，竟在塵緣善變的世間，和學生們延續多年不變的師生情緣。

有天她臨下班前，辦公室前出現陌生人影，稍微發福的身材，讓她誤以為是學生家長。「老師，您真的不記得我？」男子看出謝素燕的窘況，開始自我介紹：「我是您多年前科任班的學生，因為大學考得不理想又重考，經過多年努力，現在已在臺大完成研究所課業，今年暑假要續升博士班。」

兩人開始回憶起從前點點滴滴，往事又一一浮現，開心地談著過去，也想像未來，不知不覺，放學的鐘聲響起。當男子起身向謝素燕道別時突然問：「老師，您知道為什麼這麼多年了，我又想回來找您？」「不知道，是不是你的作業我忘了還你啊？」謝素燕開玩笑地說。

「老師，您記得嗎？我讀高三時，您當我們班的國文科老師，那時我因為家中發生變故，成績一落千丈，差點休學，可是您常安慰我，送給我靜思語，有天還拿了一瓶濃縮葡萄汁給我，要我心情不好的時候喝一杯。就是那瓶葡萄汁和靜思語，讓我有力量讀完高中。」

聽到學生所帶來的回饋，謝素燕真的楞住了！沒想到她平常不過的關懷，竟多年長存在學生心靈深處。她心中湧起滿滿的幸福，腦中也不自覺浮現靜思語：「施比受更有福。真正的快樂，是施捨出去後的那分清淨、安祥與喜悅。」

因為將靜思語教學融入班級經營，謝素燕走入教學的「幸福花園」，走過悠悠歲月二十幾載，每次的師生相遇總有道不盡的故事，譜成一首首動人的青春迴旋曲。

攝影者｜黃勇雄

李玲惠

慈濟園丁播下善的種子

——李玲惠

一九九五年，我在後來改制為新北市的臺北縣永和一所逾百班的國中擔任輔導主任，在當區慈濟志工連麗香師姊的牽引下，我第一次踏進慈濟臺北分會，卻得殊勝因緣會見證嚴上人。告假時，上人看著我，連說兩聲：「把種子播下去！」

高中時，我對佛法產生興趣，大學時就加入佛學社。拜會上人後，我自然而然和當時的一群同事，加入了教聯會。還記得剛加入教聯會時，上人曾對老師們開示：「老師啊！要成為老師是前輩子修了很多福，這輩子才能當老師，所以你們不只要當老師，還要當菩薩！」

當時聽到上人對老師的角色如此期待後，非常地感動，雖然似懂非懂，卻對教聯會的老師有了新的詮釋。之後，我一路在教育領域耕耘，歷經十八年的校長職涯，我回來花蓮承擔慈濟大學附屬中小學的校長，更能覺察出經師、人師、良師的分野，也深深領悟了上人對教聯會老師的期勉：「老師心、父母心、菩薩心」。

校長阿母　教育園丁

記得一九九九年從美國負笈回臺，準備接任國中校長。當時，臺北縣偏鄉有一所專案學校，百分之六十的學生背景來自不完整的家庭，或單親、或隔代教養，甚至有四十八位學生因家庭失功能而安置住校；這樣的學校，當時沒有候用校長願意前去，我想起了慈濟人流傳一句話：「哪裡有苦難，哪裡有慈濟人。」何況那所學校沒有苦難，只需要有特別的愛去陪伴他們。於是，我成了這所學校學生的「校長阿母」。

當臺北縣政府發布我初任國中校長的隔天，正好是慈濟中小學動土奠基的那一天，我隨著教聯會老師們回到花蓮參與活動，上人慈悲的問我，為什麼要選擇那一所學校去當校長？我回答：「我學的是輔導，又是慈濟人，我不去那所學校，誰去啊？」上人輕拍我的肩，給了我最有力的祝福！

從一九九七年開始，我就隨著慈濟教聯會老師們，第一次將靜思語教學的法寶與慈濟的教育精神傳到馬來西亞，隨後有僑委會以及馬來西亞華校董事會聯合總會的邀請，陸陸續續將教育的新知、全人教育的概念與慈濟的教育愛以巡迴講座或工作坊的方式，散播到馬來西亞各地。

直到今天，我已自假自費前往馬來西亞六十六趟，曾創下八天九張登機證，以及三天車程逾千里的驚人紀錄。記得某一次，飛機又在某機場跑道降落，當時的我已分不清我身在馬來西亞的何州何方，只看到窗外仍是熟悉的橡膠樹影……馬來西亞的慈濟法親都訝異我竟然可以頂著赤道炎熱的天氣奔波不倦時，我總想起第一次拜見上人時所聽到的叮嚀：「把種子播下去！」

佛法辦學　素質核心

二〇一三年，我穿起慈濟教聯會制服後的第十八年，我又穿上慈濟的另一套制服。在受證慈濟委員的前夕，上人問我：「現在的孩子是不是不好教？」我說：「是呀！」上人再問：「那要怎麼教？」我想到慈濟很通用的答案，輕鬆的回答著：「那就用心教啊！」上人說：「用心教還不夠，要用慈濟的法來教。」這簡明的開示，對當下的我無疑是當頭棒喝，但是，什麼是慈濟的法？又如何以慈濟的法來教學生呢？太多的疑問在心中，卻也等到我回到慈中當校長才找到答案。

二〇一七年，我回到慈中擔任校長，也重新思考慈濟的家風與慈中的校風是什麼？慈濟教育的核心精神是什麼？如何實踐「教之以禮，育之以德」的慈濟教育原則？如何營造充滿「感恩 尊重 愛」的校園氣氛？如何將優良的慈濟家風傳揚出去……種種自問，個個都是大哉問。於是，我除了參加志策會、法脈宗門營等之外，為了找回初發心，為了身體力行「以佛心為己心，以師志為己志」，每天都盡可能地「薰法香」，聆聽上人開示；收看大愛電視臺的「人間菩提」節目，也成了每日的必修課。

慈濟學校所辦出來的教育與其他學校有何不同？從創校精神就可知一二，上人創校的悲心宏願是以品德教育為核心，以慈濟人文貫穿其中，由外而內教學生有禮有節，而內而外，培養學生感恩的心，重視孝親與行善，展現愛他人愛大地的胸懷。朝向這個辦學目標，慈濟中小學則藉由課程與教學、定期不定期的人文活動、各項典章制度、以及老師的身教言教、加上學校整體的境教等，辦學的理想才能實現。

從一般學校回到慈濟，我找到了心中那把尺，找到教孩子有智慧的方法，也找到慈濟老師的另一層價值，讓慈濟學校的老師一起為慈濟辦學努力。這幾年來，每年除了數不清的參訪團蒞臨慈大附中外，泰國清邁慈濟學校與馬來西亞吉隆坡國際學校，都會安排老師回到花蓮，進駐慈大附中宿舍，他們採浸潤式的研習方式，與慈中團隊同樣聞上下課鐘聲，吸收同樣的純淨空氣，透過觀摩、討論，藉由身處在慈中校園的親身感受與覺知，建立對慈濟教育志業的共知與共識，「做中學、學中覺」甚至發菩提心，成為一位具有慈濟人素養的良師。

慈濟學校以品德教育為核心，建立開闊格局的人文素養，與培養國際移動力的國際教育。我虔誠的期望著：我們培養出來的孩子，不但是淨化人心、祥和社會的種子，當老天給我們災難功課的時候，他們也有這樣的能耐，以堅定的道心去幫助他人，成就眾生。

教聯三十，教育四十，我從事教育工作也達四十寒暑，三十年、四十年，足以讓一株小樹苗成為大樹，而我呢？我在教育生涯的後一段路，回到注重品德和人文素養的慈中，繼續我最愛的教育工作，也在慈大附中的園丁身分中，找到人生的方向，以生命影響生命，以真愛與智慧教育學生，是我一生奉行的實踐原則。

我堅信在慈濟的園地裡播種育才，不但日日歡喜，也因為這樣的育人成才的工作，為孩子點起一盞燈，是可以讓彼此的生命更具價值、更現光彩。

微光成炬

攝影者｜蔡明典

天生厲質也能放下我執

—— 王月治

小王月治因為家境的關係，沒讀幼兒園就直接進了小學，她打著赤腳，拿著包袱巾仔的書包，一步一步，一步一步踏進了讓她感覺陌生的校園裡。坐在桌椅前，她大字一個都不認得，好不容易捱到下課鐘響，就急急跑向廁所，舒緩了緊張情緒後再回到教室，赫然發現周遭環境比剛剛還更為陌生，竟然連老師都換了一個……

走錯教室、名字顛倒寫，種種困窘情境停格在王月治懵懂的童年記憶裡，當時她並不快樂，只有強烈自尊背後隱藏的自卑，總覺得自己處處不如人，別人的眼光都不友善，無形中締造脾氣暴躁又好強的個性，為的就是掩飾內心的脆弱。

小王月治的爸爸是從貧苦中打滾過來的，他八歲失去父母，為了溫飽淪為別人的長工，也曾歷經從樹上掉下地面遭致腳斷卻不能休息，因為他一天沒做事就一天沒飯吃。他一路茹苦含辛，拉拔了八個子女長大；王月治也因為家貧，從小就羨慕隔壁的長輩，在公家機關上班可以有配給白米吃，她心中發願，長大一定要考上公職，因此教育工作，也成為她的第一志願。

或許上蒼眷愛，她從大字不識的女孩一路刻苦勤學，自臺南女中畢業後如願考上國立臺北師專，及至一九六九年畢業，她也選擇回到故鄉母校——新市國小服務，這也成為她一生執著於獻身教育的起點。

強勢性格　擇善固執

小時候那個方向不清、大字不識的王月治已經重返母校，身形高大了，堅毅的性格始終不變，她自我期許要當一位好老師，所以每天七點就到校，把握早自修時間加強學生們的功課，她自我形容是「天生『厲』質」，不苟言笑外表下，罵起學生總會罵到胸口痛。

當年，她的大兒子在隔壁班，幾次都希望媽媽能把聲量放小，否則上課聽到媽媽罵人的聲音，自己都覺得很不好意思。二兒子竟也插嘴說：「媽媽！我們同學都說你很兇！」

小兒焉知母親之志，王月治一心只想著：「一定要把學生教好。」蠻幹、苦幹是烙在她生命旅程裡的信條，所以她也嚴格抓著學生紀律的轡繩，她帶的班級無論在各項競賽、學業成績，都要在全學年名列前茅，否則就是緊逼再緊逼，讓學生們發揮潛力。

她終於擠進所謂的名師行列了！每逢學期前的重新編班，家長總會運用管道，極其所能的想把孩子送進她教的班，如果一次沒擠進，甚至不惜轉學出去再轉回來重新入班。但太重視成績，王月治也跟同事傷了和氣，造成彼此對立——曾經有同事坦言不喜歡跟她同學年，因為壓力太大了。

好強性格所惹來的煩惱，就像春蠶吐絲般作繭自縛，早年教師生涯因為虛榮心驅使，王月治追求的名師光環，表面看起來是很風光，但實質上壓力很大，更讓她仍然感覺不快樂！一年復一年，王月治感覺自己有點江郎才盡，總覺得除了知識的傳遞外，似乎該給孩子一些什麼？孩子們擁有專業知識，踏入社會的精神與內涵、是知識運用、服務社會？自己該如何引導學生？她的腦海一直反覆問自己。

改弦易轍　喚醒快樂

在一個偶然的因緣，王月治瞄到一本《慈濟》月刊，「慈濟教師聯誼會」的名稱映入眼簾，從此也與她的生命密不可分。

當時，任何有關「教育」的字眼或議題都會吸引她的注意，她閃過一個念頭：「這是什麼團體？」因緣不可思議，當王月治動念想進一步瞭解教聯會，就接到新市國中陳玉琴老師的電話，邀請她去參訪慈濟教聯會靜思語教學展覽。

她第一次走入當時仍是鐵皮屋頂遮蓋的臺南慈濟聯絡處，為了壯膽，王月治還特地邀請同校三位老師共乘一車去參訪。一路看著教聯會老師們展示「靜思語教學」的成果，讓她印象最深的是高雄呂美雲老師和臺南林金拔老師的教學內容，深具哲理的靜思語教學緊緊扣住心弦，她知道尋尋覓覓要找的方向就在眼前。她發願，一定要落實靜思語教學在班級。

「改變」這兩個字好寫，但要讓它發生就需要堆疊努力。王月治雖然對靜思語教學有興趣，卻不知怎麼著手，她先從每日在黑板上寫一句靜思語讓孩子抄寫開始，但效果不大；接著請小朋友每週從一句靜思語來寫心得，但也找不到引導的竅門——驟然放棄緊迫盯人的教育方法，王月治的班級經營似乎有點小亂流，但她心中仍有一份堅持，肯定靜思語教學是孩子們不可或缺的人文。只是當前的重點不是孩子，而是自己要學會怎麼教。

王月治老師認真思索問題所在，想找出困難的解方，遇到有靜思語教學研習課程，也都趨之若鶩，即使是遠在臺中的一日精進，她也願意朝往夜返。她從教聯會老師們的分享中挖到寶，她觀摩其他老師使用的「靜思語好話簿」，就一口氣助印五百本讓大家免費索取。

她也從教聯會同儕中找到力量，透過參加花蓮靜思語種子老師培訓營隊，結識了資深前輩如林金拔老師、王貴美老師、周蘭鶯老師，他們都是同處臺南具有實務經驗的老師，儘管大家所面對的年級不同，但她都能從其他人身上「挖寶」，漸漸明白原來靜思語並非只是一句標語，要用心經營，需要老師先身體力行，透過身教、言教、境教，才能引導孩子。

王月治是個不折不扣的行動派，為了營造溫馨的學習環境，啟發孩子的「愛」與「善」，就把班級經營的層面擴大到家長。開學前，先給家長一封信傳達靜思語教學的理念；開學一個月後，就邀約家長前來親師座談，直接瞭解家長對教學的意見與感受。王月治老師還以靜思語好話簿為親子作業，每星期一句靜思語，讓孩子省思、靜思、寫心得，心得後面，請家長加上迴響。學期結束，老師會感謝家長對靜思語教學的配合外，也有家長親子互動的經驗分享與建議，讓家長真正成為生命教育的合夥人。

這種對學生與家長都開誠布公的態度，贏得許多肯定，她的班級有一位同學，全家都是虔誠的基督徒，但當王月治邀約同學一起到臺南靜思堂進行演示教學，家長毫無異議，全力配合。

「靜思語」讓王月治老師突破教學的瓶頸，找到方法引導學生自我管理，就不必再靠大嗓門，全班依然是學年榜樣，老師也可以輕安自在，多麼快樂！

妙法活用　一生受用

靜思語並非老師們一點就通的魔法棒，來自教學現場的考驗瞬息萬變，帶班的每一天，都有不同情況發生，有時事情雖小，但老師的一句話，都能深深影響孩子心靈，妥善處理過程中，「靜思語」適時出現，正是化礙為愛的法寶。

例如，有次下課沒多久，王月治老師就接到通報：「兩位同學打架打得不可開交！」她讓雙方申訴原委，才瞭解兩人原先只是玩鬧，推搡之間動了火氣，才一發不可收拾。儘管王月治心知類似的芝麻小事在所難免，仍是讓兩人述說經過並表達各自的想法，然後默默觀察兩個人。

王月治看著兩造都講完了，氣大概也消了，才問說：「那剛才你們打架，有解決事情了嗎？」同學想了想，坦言沒有解決。「那要不要仔細想想，到底誰錯了？如何解決？」兩位同學又沉默一會兒，就先後承認自己有過錯。「那該怎麼解決比較理想？」在王月治的引導下，雙方都說向對方道歉後，她才搬出靜思語：「道歉要誠心，也要願意接受。記得，凡事『學點頭，學低頭，不要學拳頭。』」她四兩撥千斤，多用了一點耐心，就讓兩位同學言歸於好。

「靜思語」是一帖良方，可以解人心結，廣結善緣，不僅是輔導學生的良方，王月治老師也一路應用到學校以外的地方。當教師職涯告一段落，王月治毅然投入教育志工行列，擔任學校課輔、保護管束少年輔導志工、補救教學、環保、反毒宣導、生命教育……等樂此不疲——「教育」是她一生的最愛，也是一生的最善最美的執著。

微光成炬

攝影者｜李嘉斌

放下呵斥別人的鞭子

——張珮鳳

「張老師，我是你的先生，不是你的學生。」當張珮鳳聽到先生的真心話，她才猛然醒悟，原來自己竟然有「職業病」！雖然她一向自詡是用愛心來教育學生，但她對學生太過於求好心切，往往那份「用心」傳遞給學生時，卻變成「用力」過度，嚴格也變成了嚴厲；而當她離開學校回到家裡，這份嚴厲竟然也傳到家人身上……

面對面　找答案

在臺中市大勇國小任教的張珮鳳老師，能代表她的教職生涯關鍵字，其實並不是「嚴厲」，「愛」才一直是她的主旋律——她勤於教學，眼裡卻不是學生的成績，而是他們是否受到了照顧，有沒有人好好愛他們。

有一次，班上一位學生家中突遭變故，經濟陷入困境，張珮鳳想方設法，但一切的幫忙都像是杯水車薪，無法徹底幫助學生改善處境。在看似已無對策之際，一本雜誌浮現在她腦海中，她突然想起那家常去的麵館裡，桌子上總擺放著《慈濟》月刊。

在一九九九年九二一集集大地震前，身為基督徒的張珮鳳老師對慈濟是全然陌生的；災後，她在中部地區常看到一群群身穿藍衣、白褲的人，這引起了她的好奇心。有一次，她去一家麵館用餐，看到桌上所擺放的慈濟月刊，才知道那群人是慈濟基金會志工，是「慈濟人」。

原本就很有愛心的張珮鳳深受月刊裡的故事所吸引，她和先生連續好幾個星期都去那家麵館吃麵，直到老闆對她說：「妳每次來都看月刊，如果喜歡，就送妳一本。」張珮鳳帶著被發現的尷尬，靦腆地帶回生平第一次擁有的佛教團體刊物。

慈濟月刊內容平實，沒有華麗的文藻，但有充滿感動和正向的故事，讓張珮鳳看完有被溫暖的感動，但那股感動只停留在她心中。直到她想為學生尋求幫助的時候，赫然想起「慈濟人」，她翻到月刊上的慈濟臺中分會的電話號碼。

當電話接通時，張珮鳳有點緊張，第一句話劈頭就說：「我不是佛教徒，但我的學生家庭遇到困難，可以請你們幫助嗎？」電話那頭傳來溫柔的回應：

「我們的幫助沒有宗教分別。妳可以留下電話嗎？我們的志工會盡快與妳連絡，並做進一步了解。」這是張珮鳳和慈濟的第一次接觸。

隔天，她就接到了慈濟志工來詢問學生的困境的電話，志工向她說明，將會安排後續的訪視，會評估如何提供學生家庭直接的協助。之後的好一陣子，張珮鳳仍一直掛念著這位學生，有一次，她問學生中午要不要多打一份飯菜回家給奶奶吃？學生卻回答說：「慈濟阿姨會來看奶奶，也會煮東西給奶奶吃。」

張珮鳳有點意外，就跟學生約好家庭訪問的時間，特意選在慈濟志工也到訪的時候，要親自一探究竟。透過家訪，張珮鳳認識了慈濟志工陳秀鷹，從對方口中瞭解了慈濟怎麼幫助個案，才明白那些月刊裡的故事都是真實發生的，慈濟的愛是如此真誠而無設限。同時，陳秀鷹也感覺到張珮鳳老師很有愛心，就邀請她參加每月一次的中區教聯會活動，希望透過老師們彼此交流，張珮鳳會更瞭解慈濟。

再出發　成慈師

從此，每個月的教聯會研習，成了張珮鳳老師固定的活動，她在研習活動中，與一群充滿教育熱忱的老師們分享彼此教學經驗和心得，進一步被這些老師口中的「靜思語教學」感動。

靜思語像一帖良藥，調整了張珮鳳的教學心態，以往她總是盡責、認真、努力地督導學生，以為這才是讓學生不斷進步的動力。她從「植物往陽光的方向成長，人往讚美的方向前進！」這句靜思語得到啟發，明白老師應該打開「發現優點」的雙眼，給予學生真誠的讚美和鼓勵，讓學生感受溫暖，而不是壓力。

張珮鳳老師也開始運用靜思語教學到班級經營裡，師生互動更加親密和諧，她也用全新的視角看待學生，把他們的成長都寫在聯絡簿裡，學生在被賞識的狀態下，像植物有陽光照耀，越長越好。有位家長還說，聯絡簿內容記錄著孩子的學習、成長以及家長的感動，要把孩子的聯絡簿留著，以後當「嫁妝」。

她明顯感受到，以前教書太過「用力」，認真到了少份溫柔和體貼，是證嚴上人的開示讓她發現「用心」和「用力」的不同，而她也在靜思語調教下，改變眼光焦點與對待方式，就算孩子畢業離校後，也會與她保持聯絡，彼此關係更像是「朋友」。

靜思語改變的不只是張珮鳳的師生關係，更明顯的作用是發生在她身上。猶記剛進行靜思語教學時，張珮鳳的先生都跟朋友介紹她是「專門教別人靜思語」的老師，也曾經對她說：「張老師，我是你的先生，不是你的學生。」一開始，因為她把靜思語像是名言佳句般認真背誦，要求學生和家人，自己卻沒有在生活中落實；直到看到「道德是提昇自我的明燈，不該是呵斥別人的鞭子。」這句靜思語讓她驚覺到，自己拿著靜思語當鞭子，認真督促別人，卻忘了提升自己。

改變是從意識到缺失開始改變的，靜思語再一次幫助張珮鳳進行轉變，用不同的心態看待原先會讓自己「卡住」的困境。過去，每當她類風濕性關節炎發作時，心中難免會抱怨，有次她看到影片中的阿富汗孩童，因為在零下四十度的冰天雪地中生火取暖，不幸遭燙傷手臂卻無法醫治，孩子因手臂的傷口發生沾黏而痛得大哭。那一刻，她除了不捨之外，更慶幸自己可以生活在臺灣，有疼痛也有可以治療的機會，心中多了份感恩，更加珍惜與把握可以付出的機會。

釋疑慮　跨宗教

張珮鳳在教聯會的活動中如魚得水，一群理念相近的老師在一起，也有說不完的話題，也沒有解不開的教育難題。她積極參與教聯會的研習活動、營隊，甚至在二〇〇四年八月，跟著慈濟中學師生到印尼參加人文交流，在那裡，張珮鳳聽著當地志工讀著證嚴上人的信件，感動得低下頭想著：「多麼奇妙的經驗啊！一個基督徒跟著佛教團體來到回教國家，參與美善的事，這是我從來都沒想過的事！」

張珮鳳一直記得自己第一次參加教聯會營隊，當她來到靜思精舍參訪，親眼見到證嚴上人並聆聽開示時，就忍不住地一直哭、一直哭，哭到連開示內容是什麼都忘了。當天晚上，張珮鳳打電話回家，想跟先生說看到證嚴上人的感動，結果還沒說完就又哭了，著實把先生給嚇了一跳，先生直說：「如果不習慣就提前回來吧！」她收起眼淚，輕輕緩緩地說：「那是一種很難用言語表達的奇妙感受。」

她曾因信仰不同，對佛教儀軌和佛號很不習慣，卻也不敢表明自己是基督徒。一方面是不知道該怎麼解釋，另一方面也有基督徒參加佛教活動的顧慮。直到了解證嚴上人對「宗教」的定義是「人生的宗旨，生活的教育」，她仔細思考信仰的哲學；更在某次營隊，親眼看到輔仁大學的神父在課程裡學習禮佛儀軌，心中的顧慮才得以釋懷。

印尼人文教育交流結束後，張珮鳳隨著團員一起回到靜思精舍分享心得，她向證嚴上人請示了心中的困擾和疑惑：「基督徒可以皈依嗎？皈依後還可以保有原本的信仰嗎？」證嚴上人再一次說明，宗教信仰是讓自己的生活獲得昇華。這讓她更有勇氣參加委員培訓，並在二〇〇五年受證慈濟委員。

成為慈濟委員就要落實社區服務，張珮鳳因此接觸到更寬廣的慈濟世界，並在對貧苦民眾的訪視裡，更深刻地體會到幸福的意義。她把每個在慈濟看到、接觸到的故事，都化為課堂上真實又感人的補充教材，幫助她持續引導學生的心和行為，朝向尊重生命、尊重不同個體來提升。

有很多人說，喜歡聽張珮鳳的分享，因為有如沐春風的感覺，她卻客氣的說，是聽的人「心美」，所以聽什麼都美。更有人說，聽張珮鳳老師教學分享，總會興起當她的學生真的很幸福的想法，她還是帶著一貫的微笑回答，當老師是從小的志願，教書讓她覺得快樂和滿足，能成為教聯會老師，在靜思語受益中轉變，人生也多了一份幸福！

微光成炬

提供｜張薰方

真誠為核心的恬淡教學之美——張薰方

陳麗英、蔡藜旭、張薰方

震懾人心的九二一大地震，瞬間讓臺灣中部風雲變色，二千多人在斷垣殘壁中傷亡。張薰方老師原本在山明水秀的南投埔里鎮，過著日出日落的安然平實日子，因突來的巨變，她常忙到午後二點多才外出覓食，她常在蕭條冷清的街道邊，看見慈濟志工還在準備熱食，有民眾經過就會熱誠招呼：「來呷飯！」那碗由志工親手奉上的糙米飯，配上菜脯、空心菜，成為她原本如流水一般順應環境的心，受到了啟迪。

善成傳家寶　樂於多服務

信奉「老二哲學」的張薰方，從小到大就不喜歡強出頭，個性也很隨順，求學階段當班級幹部，最喜歡的就是擔任副班長，這讓她感覺，「我喜歡人與人之間真誠的交流，雖彼此互動頻率不多，但能在理解與信任中，細水長流。而且當別人需要時的好幫手，不會造成自己及他人的壓力，更會帶來『溝通即生命』的從容成長。」

張薰方受父母的身教影響，媽媽心地善良，一生操持家務，也曾在寺院幫忙過。父親則是「全才」老師，畫畫、油漆、建築樣樣行，生涯中肯定的獎座一個又一個，善行也曾被前屏東縣柯文福縣長公開表揚過。她承襲了母親的善良與父親喜歡做事、喜歡服務學習的個性，在彰化師範大學就以輔導系為志願，她認為這能結合教育學、心理學與社會學，為學校師生服務。

她認為世界上不管哪一個領域，最高境界就是真善美，輔導對她而言，即是真誠的心、友善的人、美好的事。為了學以致用，她在畢業之後，就選擇到彰化少年輔育院服務，為迷途青少年開啟另一扇窗；之後又到臺東池上福源國小，自願承接啟智班，運用特殊教育專業，關懷陪伴來自大同農場的榮民子弟，讓孩子有尊嚴地健康快樂成長；也在花蓮秀林鄉透過家訪跟社福共同溝通努力下，改善部落學生受教情況；之後任教花蓮四維高中輔導老師，開創「欣心新社團」，帶領學生以「助人為快樂之本」的生活態度，為人生妝點生命色彩。

人生如戲，張薰方在離慈濟最近的地方，卻無緣聽聞與認識慈濟，但她一路在善的道路上行走，來到南投這個山明水秀之鄉，更激發出文學靈魂。

有一天，張薰方在魚池鄉鳳凰國小上數學課時，霧不知不覺飄進教室裡，她立刻跟小朋友說：「把課本收起來，拿出筆記來寫詩，主題是『霧來了』。」本來對寫作很沒有興趣的小朋友，偶爾擺出一副吊兒郎當的樣子，此刻卻很高興的說：「我們好幸福，在霧中寫霧來了。」張薰方也會利用家庭訪問的機會，把孩子們平常的寫作成果展示給家長看，增強家長對孩子們的肯定，也增強學生們的學習動機。

她在茶鄉鹿谷推動「童詩寫作」，也在明潭國小開設「夜間親子讀書會」，傳送朗朗悅讀天地心。張薰方說：「我心中一直以來最大的夢想，就是成為『多元化的出版家』。閱讀、寫作、旅遊成了我的最愛。」她的作品曾榮登教育會全國教師徵文比賽佳作、屏東第三屆大武山文學獎新詩類佳作，及統一企業舉辦的全國閱讀心得入選。

再造桃花源　正念得善緣

一九九九年九月二十一日，大地震讓靈秀的南投山水變色，張薰方救助人的本性驅使她來到南投縣政府廣場主動詢問救災事宜，她跟隨著佛光山物資救援車入中寮鄉發放、慰問災民，並在自住被判半倒的大樓，以副管委身分來回奔波處理住戶問題。但直到地震後九個月，她所任教的桃源國小仍待修復，當時逢雨必漏的司令臺成了教師們的露天辦公室和六十多位學生的教室。

桃源國小校長尋求各方協助，來到臺中靜思堂面見證嚴上人，請求慈濟認養他們的學校；張薰方老師帶著受災學生的繪畫作品同行，還有另一位四年級小學生李永倫在上人面前哽咽地讀了他寫的文章，讓圍繞在旁的志工們都聽得心疼不已，頻頻拭淚。沒多久，就傳來慈濟認養重建的好消息，全社區的人都喜極而泣，張薰方也終於能放下心，回到屏東家鄉陪伴高齡的雙親。

承歡膝下的日子裡，張薰方沒有忘記慈濟，每當打開電視收看大愛電視，都關注被慈濟援建的五十所「希望工程學校」，她滿懷喜悅之情與感恩之心，內心的教育魂仍然炙熱著，因此尋找到屏東教師聯誼會，加入至今。

她把「多元化出版家」的夢想，在慈濟教聯會轉型到教育功能團隊的共修時光中實踐。她與夥伴搭乘火車或九人座巴士，開心行遍全臺慈濟靜思堂，秉持著「用心即專業」的精神，孕育出全人教育的《菩提種子》教案、「大愛引航」資源庫，提供給各階段學程的學校，及各區親子成長班使用。

每次只要接到開會訊息，她隨即針對主題進行思索，看要如何運用現有的人力資源，來結合品格、生命、生活、環保等教育，開發出能激發潛能的教材教法，為此她自主性地承擔起重要活動簡報，及慈濟大藏經紀錄，更學以致用地將靜思語活用於各個領域中，研發出靜思語壓花書籤、環保風鈴祝福卡、生命繪本故事書、摺頁迷你書等，並將屏東社區大學學到的生活藝能等知識，活用在「綜合活動」課程，讓學習者更有探索的意願。並在推展閱讀運動時，以拿手的手工書製作教學，舉辦手工書小書展，為師生留下難忘的學習成果。這些幸福的泉源，都是張薰方樂於跟與他人分享的資糧。

「父母是孩子的模，老師是學生的樣；以好模樣，培養孩子正確的人生觀。」上人的這一句靜思語，深深地砌在張薰方的心版裡，有鑑於孩子都需要在愛與關懷的環境中成長，張薰方規劃推動潮州聯絡處的「看見希望國中小課輔成長班」方案，協助陪伴潮州地區中小學弱勢家庭孩子。

張薰方說：「服務是需要學習的真實體驗，能使學生從閱讀生活中，認識生命的意義、發現感人的故事，傳頌一盞盞感恩祝福的燈，交織成人生之書。」她深切體認到「愛是需要學習」的成長歷程，特地成立了「小園丁筆耕隊」，以手作手工書來活化親師生關係，共創「書香家庭」閱讀運動；藉由親子共學、愛之旅學習號列車，讓每個學員留下珍貴的成長紀錄，並積極推動多元化活用靜思語社區愛灑運動。

二〇一〇年九月十七日，張薰方接受屏東縣「退休菁英風華再現」獎項的肯定。她行入慈濟教聯會十八年了，領受證嚴上人的教育理念，雖自詡平凡，僅是懷抱平淡的心做平實的事，學習耕耘慈悲分享智慧的服務觀，以人文真善美的心，書寫點滴足跡，傳頌菩提育成林，一如螢火蟲閃動微光的精神，為屏東慈濟人盤點生命，也為教育扎下切切實實的大愛慈濟樹。

典範影響

一句好話，給人成長的力量，一位老師真誠的愛與榜樣，可以影響許多人的人生。他們在學校，用心用愛培育孩子；離開學校，依然在人生的道路上發光發熱。

提供｜徐雲彩

穿過鐵窗的溫柔雲彩——徐雲彩

陳麗英、蔡藜旭

一九九四年的師鐸獎得主徐雲彩老師，在八十一歲高齡時回想起當年照顧她的老師，心中仍是滿懷感恩。「記得是四年級的時候，我的老師一進教室，就說要跟當班長的我討論事情。她把我帶出班級，找個沒人的地方，提醒我，我的膝蓋後面、耳朵都沒有洗乾淨。她就一邊幫我清洗，一邊教我怎麼洗……所以當我成為一個老師以後，就學當年老師對待我的樣子，我對學生都用愛心來照顧他們。」

屏東慈濟教師聯誼會的第一顆種子——徐雲彩自小就在食指浩繁的農村家庭中長大，家無餘糧，母親多病，父親為了生計勞動，成日都無暇照顧孩子。所以當徐雲彩成為一名老師，在偏鄉小學任教時，每逢晨間檢查服裝儀容時間，她都從眼前學生所伸出的雙手，塞著泥垢的長長指甲裡，深刻體會到這些孩子的父母，身為農場工人鎮日勞動之餘，還要教養孩子的力有未逮。

她回想起從前，在某些老師的管教下，只要指甲不合格就會被老師用竹棍子打，但家裡大人又顧不了她，她只好用牙齒把指甲咬斷……那種羞愧感與四年級導師的慈藹相待，形成強烈對比。

她認為學生在每一天的開始，不應該讓他們擔心受到處罰而如坐針氈，所以當她成為一名老師之後，晨間服儀檢查時都直接準備好指甲刀，一個個幫學生剪指甲；她還買來一匹紗布，自己做手帕，有幾個學生就做幾條，利用每天一節的二十分鐘下課時間，帶上一塊肥皂，領著學生們一起到清澈見底的水溝邊，一個挨著一個，她幫學生們從臉、耳朵後面、手到腿都擦洗乾淨。

我不厲害　是從靜思語找到方法

「我是家裡的大姊，小時候只要弟弟妹妹不聽話，我就拿棍子打他們。」在臺灣還沒脫離體罰的年代裡，徐雲彩雖然愛學生，也會管教學生。當一九八九年她從親友那邊認識了慈濟，才知道過往在報紙上所看見的「慈濟心燈」專欄，裡面的智慧話語是出自證嚴上人，她也從這些充滿愛心與智慧的話語裡，發現自己的盲點。

徐雲彩說：「有一句靜思語『生氣是拿別人的錯誤來懲罰自己』。我過去在教學的時候碰到學生吵鬧，一時間想不出什麼辦法，所以只好用棍子敲了桌子，大喊『不要講話』。後來看到這句靜思語宛若醍醐灌頂。」她意識到學生會吵鬧，是自己缺乏辦法來管理與教導。

後來，她開始把《慈濟月刊》裡面的故事說給孩子聽，也應用靜思語對孩子進行機會教育，像掃地時間，她會跟孩子說：「伸個手彎個腰，把別人不要的福撿起，撿起來就是我們的。」孩子心地純潔，也覺得把別人丟掉的福撿起來很不錯。

學生們都很愛聽徐雲彩講故事，她就跟學生說，以後上課如果乖乖的聽課，一節她只講三十分鐘課，剩下時間就講故事給他們聽；故事只講五分鐘，然後他們就要好好寫功課。從那時開始，她的學生上課總是鴉雀無聲。連校長聽聞到她很會帶班級，還特地跑來確認，站在班級外面聽徐雲彩老師講故事，才瞭解到慈濟靜思語教學的品格教育，原來是這麼樣的滋潤心靈。

徐雲彩笑言，得到師鐸獎是運氣好，因為那一年並沒有帶班級，只是一位科任教師，但她還是繼續把握機會跟學生們互動，「我請他們寫一句或兩句靜思語，然後回家以靜思語為主題，學生做了什麼就用圖畫出來，然後用文字分享出來，上面是圖，下面是寫心得；寫久了，孩子自然而然對寫作就駕輕就熟，連演講比賽也會說，『證嚴法師說怎樣怎樣』，還得到屏東市的第一名。」

知人善用　點亮受刑人心中那盞燈

一九九四年，屏東慈濟志工也想要成立教聯會，大家都認為徐雲彩是負責人的不二人選，但徐雲彩卻自認是沒有什麼能力。她謙虛地說：「教聯會老師的能力很強，我就是很會用人，『事要有人做，人人要有事做』。知道戴敦仁老師對攝影方面很有研究，就請他來攝影；許政瑞老師電腦很好，我就請他做檔案；會寫文章的，就請他們寫；會帶動的像侯美金老師，我就請她帶團康；會煮飯的，正好做香積。活動共修時，大家各司其職和樂融融，從來沒有一個人說『我不要』。」

徐雲彩懂得去觀察人的優點，發現人家的優點，正向去看人家，慈濟人也都叫她「雲彩媽」。只要關於教聯會、關於教育、關於課程，大家自然而然都想找她，即便從學校退休了，生活一樣忙碌。

二〇一一年十月，高雄慈濟志工陳武宗打電話給徐雲彩，表示有志工想送五百本《靜思語》到屏東監獄。早前，陳武宗曾經與友人一起進入位於屏東竹田鄉的監獄關懷受刑人，當時他們一路輾轉奔波，就覺得這樣舟車勞頓，對長久關懷的建立會有困難。所以這一回的送書良緣，陳武宗就思考，如果要長期關懷受刑人，非得由屏東的志工團隊來承接。

「接到陳武宗師兄的電話以後，想說監獄就在我家的附近，捨我其誰呀！我是老師退休的，雖然沒有什麼叫做專長，但是總是有靜思語教學的經驗。雖然監獄裡的不是一般學生，但他們頭腦一定很聰明，思想就走偏了才會犯法。」徐雲彩略作思考，就決定組建一個團隊來執行。

徐雲彩找來有大愛媽媽說故事經驗的慈濟志工蔡美惠，她們發揮過去的教學經驗，開始訂定教學計劃，換位思考假裝自己是受刑人，連執行細節都想得透徹，「因為監獄全部都是男眾，有的已關了十年到三十年，對女色會有非非之想，所以我們不能穿裙子，要穿藍上衣、白長褲。面對受刑人，如果講不出他們的名字，這樣沒有感情，我們要建立檔案還要背起來，讓他們知道我們是真的有備而來的。還要不時請他們起來分享，有互動他們才不會在那邊假裝睡覺……」

召集志工，擬好計畫，徐雲彩開始帶領這個名為「相信的力量」的志工團隊，進入屏東監獄關懷輔導受刑人，舉辦《靜思語》讀書會；獲得不錯的迴響之後，志工們把原來一週一堂課，擴增到一週四堂課，讓受刑人也能接觸佛法。誠如徐雲彩的判斷，許多受刑人並非不聰明，他們對於「人生道理」其實都知道，所以志工不能只想著說教，要真正打動受刑人，還是志工們持之以恆，表裡一致的關懷態度。

「如果有人上課翹二郎腿，還一直抖一直抖，我就會走到面前說：『同學，你是不是感冒了？為什麼一直發抖呢？』講過一次，他就不敢。幾次去之後，這些受刑菩薩都叫我雲彩媽。」徐雲彩面對受刑人的各種挑戰，總是以柔克剛，甚至稱他們「菩薩」；時間久了，受刑人感受到尊重，也開始相信志工，視徐雲彩如母，接受了慈濟帶來的觀念，甚至願意參與《慈悲三昧水懺》經藏演繹。

「在監獄帶入靜思語教學，全臺灣我們是第一個。剛好二〇一一年慈濟都在經藏演繹，蔡美惠就說：『我們乘勝追擊，來帶他們入經藏。』一開始，那些受刑菩薩就說：『那是恁查某人（女人家）的事情，跟我們無關。』我們就再找一個男志工廖金聲來帶。因為本會交代過程必須要錄影，於是我們向監獄申請，還要經過典獄長檢視過，典獄長說從來沒有人帶著錄影機去錄影的，我們是第一個被核准的，也是全臺灣第一個監獄經藏演繹的。」徐雲彩細數許多的「第一」，從不可能到做到了的背後，都是志工們的不放棄。

課不止息　陪伴更生人遠離歹路

從剛開始接觸受刑人時，志工就要面對受刑人的冷漠反應，但「相信的力量」關懷團隊，相信證嚴上人所教導的「感恩、尊重、愛」，用溫柔持續走入監獄，正視他們、尊重他們，讓每期五個月的讀書會課程，就像是一場善與惡的拔河。如今，這場「比賽」已屆滿十一年了，比賽不僅在監所裡，更打「延長賽」到受刑人出獄，這一條漫長且複雜度更高的更生之路。

二〇二〇年獲得總統「旭青獎」肯定的更生人鐘炯元，就是受「相信的力量」影響，脫離毒品泥淖的一員。鐘炯元說：「在監獄讀書會期間，雲彩媽無時無刻就會去抱抱我，或是問我今天上課的心情是怎樣？我也曾想要孝順父母親，但總是傷透他們的心。出獄不久，媽媽就往生了，雲彩媽始終扮演著媽媽的角色，一直陪伴鼓勵我，每年過節，我一定會回去找雲彩媽拜年，就好像是回家的那一種感覺。」

另一位更生人鐘麒濱，因為小時候父母離異，母親帶走哥哥而留下他給阿嬤照顧，造成他對母親的怨恨。後來他因吸毒入獄十年，遇到徐雲彩才改變他對「母親」這個角色的想法，「她就像是家人一樣親切，讓我有與家人重逢的感覺。讀書會下課或是空檔時間，我們都會閒聊一下，她也會問問我的近況跟家庭狀況，她的親切讓我願意把所有心裡話跟她傾訴，還有關於我的家的一些狀況。我順利假釋出獄之後，雲彩媽仍不時的關懷。她就像我的阿嬤。」

鐘麒濱從慈濟志工身上，感受到像親人一般的信賴跟情感，也想在出獄之後加入志工行列。他說：「那時候當機立斷的想要徹底改變，不想再進出監獄。雲彩嬤他們很熱心、很主動積極的替我去家裡走一趟，跟我阿嬤訴說我的一些狀況後；回來跟我講阿嬤還對我抱有期待，這些種種都讓我很感動。」

鐘麒濱出獄後，與「相信的力量」保持聯繫，如約也參加關懷行列，回到監獄現身說法。有一次，他們又去屏監關懷，結束後已是午餐時間了，徐雲彩與志工帶著大家去吃飯；餐後回到車上，鐘麒濱就發現汽車擋風玻璃夾著一張收費單，隨口就說：「才吃飯一下子時間，收費單就來了。」徐雲彩隨即接過單據說：「來來來，單子給我，7-11就在我家旁邊。」一段時間後，鐘麒濱第一次來到徐雲彩的家拜訪，才發現她家旁邊根本沒有便利商店……

鐘麒濱感動地說：「我也不知道能用什麼去報答他們，但很重要的是我不會再走回頭路，我也會很努力的去勸導其他人，用行動去付出，想要盡一分心力回饋。從監獄關懷團隊身上，我學習到要改變並不難，只要一天一天的慢慢地累積，就可以慢慢的去改變一個人，像我就是接觸到這些善知識，見證到這一股神奇的力量。」

徐雲彩說，如果沒有參加慈濟，也許現在就是一個孤獨老人，和社會脫節。「現在我還可以做環保，可以參與讀書會，在教育功能接引更多教師投入教聯會，還可以去關懷弱勢的個案……」雖然年事已高，徐雲彩仍每天抱著感恩的心，分秒不空過的踏實傳愛於未來。

微光成炬

提供｜葉又華

專一不懈 綻放生命芳華——楊貴琴

王齡慶、黃湘卉

初春早晨，七旬高齡的退休教師楊貴琴望向窗外，一朵朵黃色小野菊開在綠色田野中，「好美呀！」她不禁愉悅地哼唱〈小野菊〉，那春天野菊的花語是「沉默專一的愛」，這讓楊貴琴憶起昔日的自己，為了向重男輕女的父親，證明自己比男孩有用，遇事從不向現實妥協，總是堅持自己的方向和願力去完成；也因為這特質，造就她力行典範教育，更為慈濟中區教聯會打下札實的基礎。

惜福惜緣　牽慈濟緣

一九四四年出生於臺中烏日的楊貴琴，童年正值戰爭結束，百廢待舉的年代，父親在臺中市開設診所，母親要照顧一群孩子，還有做不完的家事；身為長女的她，早上五點就要起床洗全家衣服，依然不荒廢學業。

有一次，她放學回到家，就興奮地拿第一名獎狀給父親看，一旁的患者竟然說：「女孩子以後是別人的，會讀書要做什麼？」楊貴琴聽了很不服氣，就說：「女孩子也是可以讀書，我偏要讀！」嚴格卻很重視教育的父親倒是不置可否，淡淡地說：「給她讀，可以讀多高就讀多高。」

楊貴琴勤勉好學，完成大學課業後回到臺中市東峰國中任教，和同是教師的先生共組家庭。原本幸福順遂的生活，在她三十三歲那年有了轉折，某天突然接獲母親腦溢血往生的噩耗，「媽媽才五十三歲，還這麼年輕……」楊貴琴很錯愕，對生命起了疑惑，開始去寺廟拜拜，想尋求答案。「一切有為法，如夢幻泡影，如露亦如電，應作如是觀。」楊貴琴在寺廟裡看到佛經《金剛經》，才理解佛家講因緣果報，積善人家有餘慶，念佛是信念，力行才能造福。楊貴琴下決心，要做好事為母親植福。

此後，楊貴琴也以「惜福、惜緣」來自勉，也會對學生分享這樣的信念。「媽媽！我老師和您住同國，跟您說相同的話『惜福惜緣』。」當年，大愛電視劇《把愛找回來》真實女主角蔡素蓮的兒子是楊貴琴的學生，當蔡素蓮聽到兒子轉述老師的信念，第二天就來到學校拜訪楊貴琴，並拿了很多慈濟「渡」系列的錄音帶跟她結緣。

楊貴琴經常一邊做著家務，一邊聽著錄音帶，內容都是慈濟志工現身說法的真實故事，聽到感動處都會淚流滿面，還會跟先生說：「我聽慈濟的錄音帶，對於證嚴法師訪貧故事很感動，很敬佩法師的偉大善行。」蔡素蓮也常常與她分享慈濟的美善故事，這些點滴默默在她心中植下慈善的種子。

一九九〇年八月二十三日，證嚴上人應吳尊賢文教公益基金會之邀，在臺中市新民商工演講，蔡素蓮也邀請楊貴琴前去聆聽。但現場的觀眾太多，楊貴琴只能在外面看著電視牆，原本心裡正惆悵著，這時一部車開進來，不一會，她就遠遠看到上人下車、走進禮堂——這是她第一次看到上人。

那年的除夕，蔡素蓮又邀請楊貴琴到花蓮靜思精舍參加望年會。除夕圍爐席上，上人一一致贈祝福紅包，楊貴琴接過這份祝福，感受到上人如長輩般的親切；第二天離去時刻，她在大殿發下誓願：「用心做慈濟。」

學校起步　試行善舉

從花蓮回來之後，每到學校發薪日，就是楊貴琴收功德款的日子，因為是行善做好事，同事們都很感謝楊貴琴的熱忱服務，她也慢慢在同事之間建立起令人信賴的慈善形象。

當時，在上人鼓勵大家「用鼓掌的雙手做環保」之後，楊貴琴就主動跟校長商量：「校長，我想讓學校更乾淨，讓學生懂得惜福愛物；我想在學校帶動環保回收，您可不可以撥一間教室，讓我放置回收物，賣回收所得就以東峰國中的名義捐慈善，我會把收據貼在學校公布欄，鼓勵學生做愛心、做好事，好不好？」

校長認同環保教育，對楊貴琴的想法相當支持，就將一間原本想規畫為教師休息室的空間，轉提供為置放、整理回收資源。楊貴琴設計了回收與不可回收等紙箱，開始在學校帶動學生做環保。

後來，《慈濟》月刊來報導東峰國中的環保工作，更激勵全校師生一起落實。隔年，學校以環保回收為主題，榮獲臺中市各級學校環境競賽比賽第一名；還應市府教育局指定舉辦環保教學觀摩會，楊貴琴策畫，在會場中清楚標示紙類、鐵罐、鋁罐，以及廢物再利用的展示，深獲臺中市各級學校讚賞。東峰國中因此獲得全國十大環保有功學校之殊榮，更成為全國環保教育的典範。

中區教聯　掌舵穩航

一九九二年，慈濟教師聯誼會成立，中區是由資深慈濟志工劉阿照來擔任總幹事，但她並不是老師，所以楊貴琴毅然接下中區教聯會副總幹事一職，輔助劉阿照推動教聯會。六年之後，劉阿照因身體不適，就將總幹事的棒子傳承給她。

身肩中區教聯會領頭幹部，楊貴琴每天一睜開眼，總是有著忙不完的事務，除了教學工作、還要思考教聯會的活動安排與研習計畫，更重要的是帶領中區教聯會老師建構制度；為了邀請更多老師加入，從苗栗、臺中、彰化、雲林、嘉義、南投等七個縣市，常常都有她到各級學校推展會務的足跡，也因而接引無數中部的老師。

那時的寒暑假，教聯會也會在花蓮舉辦校長、主任研習營，楊貴琴一定都親自到各學校邀約，自己也會同行陪伴；平常假日，就規劃慈濟列車，帶領老師或會員搭火車二日遊，到花蓮靜思精舍參觀，了解精舍的修行生活，並參加第二天的早會，聆聽上人開示或是德慈師父講古——慈濟功德會創建的艱辛，出家人為救度貧病的慈悲情懷，感動無數的教育工作者，中區教聯會因為這樣的帶動，當時參加研習的老師成千上百。

楊貴琴是中區教師聯誼會腳踏實地的耕耘者，與她同行的盧春安老師、洪妙禎老師等，都是德行與專業兼備的優秀老師，他們在九二一大地震發生之後，中區教聯會老師們宛如地主隊，讓來自北區乃至全臺各地的老師們深入一所一所災區學校，執行「震動大愛 重建『笑』園」勤務的身後，接續帶動與長期陪伴學校。

父親認同　解開執念

「咱自己的學校要回來顧」當慈濟教育志業走向「教育完全化」，原先已經前後設立了慈濟護專、慈濟大學，在千禧年到來之際，慈濟大學附屬中小學也開辦在即，上人以及靜思精舍德宣師父都曾多次在營隊中邀請教聯會教師們，回到慈濟教育志業體服務。而楊貴琴的最佳副手謝西洋老師，也曾在肝病末期住院治療期間，牽著楊貴琴的手激動地託付遺願：「我最大的心願就是回教育志業體服務，看來是等不到了，您要幫我完成心願。」淚流滿襟的楊貴琴則點頭應允。

又在某一次營隊早會，上人對楊貴琴與夫婿呂佑錬說：「我們的學校要完成了，你們要移民來花蓮住了。」楊貴琴聽到上人這席話，回到臺中立即向學校申請退休，並將中區教聯會總幹事的棒子交給洪妙禎老師，於二〇〇〇年八月回到花蓮慈濟大學附屬中學服務。

只是這一次，楊貴琴襄助校務的時間並不久長，三年後因先生的肝病復發，楊貴琴不得不離開教職專心照護；然而，「職志合一」的信念已深砌在她的生命中，即便不再朝七晚五的留在校園中，楊貴琴仍發揮美學素養，長期在慈中推動靜思花道，涵養學生的生活人文。

長年以來，楊貴琴一直努力想向父親證明自己比男孩有用，總是全力以赴完成每次承接的責任，終於在一次家族聚會中，父親感嘆自己的偏私，若是能早一點認同楊貴琴，就不會又生養後面的妹妹……楊貴琴回顧過往豐富的生命歷程，幸有明確不疑的堅持，自己才能像小野菊迎風搖曳，生命旅程中隨處綻放，隨風起舞，散播快樂喜悅。

微光成炬

攝影者｜陳憲彬

校長當孝長 讓社區成為笑園——蔣碧珠

曾玲麗

「感謝天，感謝地，感謝阿娘和老父；感謝你，感謝伊，感謝恁所賜的一切……」悠揚的二胡聲在慈濟南投聯絡處裡迴盪，人文推廣教育二胡班學員合奏著〈感謝天感謝地〉，輕快流暢的旋律，讓人陶醉其中。退休校長蔣碧珠也是二胡進階班的一員，從二〇一〇年她開辦慈濟南投聯絡處社區人文推廣教育十二年來，一直在此推廣靜思語及落實慈濟人文，因此有的學員加入志工行列，甚至報名培訓慈誠、委員，社推成為菩薩大招生的一個方便法門。

「校長，一進來南投聯絡處，給我很舒服的氛圍，心裡感到很平靜，教室是那麼寬敞、那麼素雅，我很喜歡來這裡上課。」聽到學員這樣分享，蔣碧珠的心中無比欣慰。學員們不但開心學習，也會幫忙招生，所以社區人文推廣教育陸續開班，創下二十三班的最高紀錄。她感恩這一切都因為有指導老師無所求的付出，以及人文志工用心陪伴。

靜思好話　進校園入家庭

蔣碧珠接觸靜思語教學是在一九九六年，那一年她剛就任僑建國小校長，搭乘慈濟列車參加了慈濟第一次舉辦的全國校長花蓮尋根之旅，三天課程中，有一堂由倪美英老師所示範的靜思語教學，她了解到靜思語可以啟發孩子們的善念，讓孩子們懂得自愛、感恩與惜福，而且文字淺顯易懂，容易落實在日常生活中，很值得推動。

於是，回校後她隨即印發了靜思語一百句小書冊給全校老師，並且在教師晨會上，每日以一句靜思語和老師共勉。會後老師便將這句靜思語帶回教室和學生分享，並抄寫在聯絡簿上，使善念漸漸深植親、師、生的心中，在良性的互動中一起成長。

每天早上七點，蔣碧珠都會在校門口迎接孩子們上學。有一天，一位賣早點的年輕婦女把餐車放在圍牆旁邊，走過來跟她說：「校長，孩子每天抄寫在聯絡簿上的好話一句，我簽名的時候都有看到，也有學到呢！」蔣碧珠笑著跟家長解釋：「那句好話是慈濟證嚴上人的『靜思語』，靜思語很淺顯，希望我們了解之後，在家裡一起來推動。」

就這樣，蔣碧珠將靜思語由校園推廣到家庭，改善校風，因為蔣碧珠的用心辨學，一九九八榮獲「臺灣省模範公務員」殊榮。隔年八月二十三日，蔣碧珠接任具有一百零二年校史的南投國小校長，一上任，她規畫以「藝術與人文」為核心，靜思語教學也是她辦學的一個重點。她利用之前的經驗，把一百零八句靜思語發給每位教師，希望他們在班級經營上，推動品德教育、生活教育，進而影響家長。

無奈，九二一大地震旋即發生，南投縣受災嚴重，她暫時擱下營造校園人文的軟性工程，以「重建校園」的硬體建設為第一要務。

證嚴上人說：「社會的希望在教育，教育的希望在人才。」教育不能等，孩子的學習不能空白。十一月下旬，上人來到南投國小關懷，不捨師生在簡陋的帳篷上課，指示先建簡易教室。在北區慈濟志工的接力下，四天半就完成二十五間的簡易教室，令老師、家長感到不可思議。蔣碧珠表示：「我覺得是眾志成城，是大愛的展現，所以我們稱之為『大愛教室』。」接著，上人答應援建南投國小的希望工程，重建校園。

希望工程進行當中，上人覺得軟體的部分更不可忽略，於是每月一次的「震

動大愛　重建笑園」的親子成長班成立了，慈濟志工和慈青用愛膚慰驚恐中的親師生們，孩子們學習到慈濟美善人文，社區親子成長班一直持續到現在，從未間斷。

二〇〇三年九月，教聯會曹美英老師積極開辦「社區親子成長班」，蔣碧珠校長大力護持，提供活動中心上課用。二〇〇四年又提供南投國小視聽教室做為「大愛媽媽成長教室」的共修教室，積極培訓大愛媽媽的能力與素質，進校園晨光時間說靜思語故事。

有次開完家長委員會，一位家長說：「校長下學期我的兩個兒子可不可以都給有教靜思語的老師教？」校長問他為什麼？他說：「老大的級任老師沒有教孩子靜思語，回來很會頂嘴；老二的老師每天都教靜思語，孩子回家會幫做家事，也很貼心聽話。」他覺得靜思語會提升孩子的品格。

由職轉志　回社區長耕耘

二〇〇六年二月，蔣碧珠於五十五歲自校長一職退休，慈濟志願不減，進一步參加委員培訓並隔年受證。她也持續參與親子成長班、大愛媽媽的課程，也帶領大愛媽媽進入校園晨光說故事活動、擔任慈大社推志工、愛灑社區、居家關懷、拜訪各校校長以介紹慈濟人文等等工作，推動靜思語教學走入校園，當年，在南投就有二十多所學校，每週一天或每月一次，有大愛媽媽進校園做靜思語教學，受影響的人也很多。

二〇〇九年八月，蔣碧珠獲邀到花蓮擔任慈濟大學附屬小學的第三任校長，發揮專長積極推動慈濟人文課程，將美善注入孩子心田，培養有禮有德的好兒童。然而兩年後，高齡九十歲的父親完全失智，她的先生提醒她：「不要做後悔的事，因為行善、行孝不能等。」蔣碧珠校長向證嚴上人說明原委，辭去慈小校長職務後回到南投，天天陪伴父親，同時回歸社區做慈濟。兩年後，父親往生，蔣碧珠感恩自己能有機會及時行孝，沒有遺憾。

圓滿了孝道，蔣碧珠繼續走在行善路上。她接到南投看守所張教誨師來電說道：「這些收容人，他們不是每個都是壞人，有的只是因為一時的貪念或無知，觸犯了法律，希望慈濟能夠團隊進來做團體輔導，救一個算一個。我相信上人的法對任何人都是有幫助的。」聽到這些誠摯之言，蔣碧珠深受感動，而且上人也希望慈濟人做到「有苦的人走不出來，有福的人走進去」，她決定要繼續發揮教學經驗。

二〇一二年，蔣碧珠親自挑選書本，安排課程，帶領著慈濟志工團隊走進了南投看守所，帶動「靜思讀書會」，贈送一百二十本《靜思語的富足人生》給每一位學員，分享書中慈濟志工的真實感人故事，啟發人人本有的能力和愛心，鼓勵學員們一起學習，改正自己的缺點，建立自信、肯定自己。

另外，她也邀請蔡天勝、高肇良、楊九如等投入慈濟的更生人來現身說法，分享他們曾經走過的錯誤人生路。心得分享時 有學員感動流淚，有人懺悔，有人發願要利用入獄期間戒毒、出去時要孝順父母。他們愛心被啟發，有人捐出郵票要給慈濟去做好事，志工彙整郵票，找人發心購買這些郵票，換成現金以受刑人名義捐出，讓他們的善心得以落實。

有個受刑人擅長書法及美術，有一次讀書會，這位學員很恭敬地將所畫的觀世音菩薩聖像交給蔣碧珠。她讚歎不已地說：「每一個人都有專長，這位學員能夠畫出這麼莊嚴的菩薩像，我相信他一定也能把他內心的那分戾氣化為祥和。」後來臺灣元宵燈會在南投縣中興新村舉辦，全國戒治所也舉辦花燈製作比賽，這位學員他帶著幾個同學一起做花燈參加比賽，連續兩年都有得獎，受到很大的鼓勵。

教誨師有感團體輔導成效好，再請求慈濟能增加人員來進行學員個別輔導，被輔導者有的是情緒不穩，有的則是久無家人探望，有的可能與室友發生言語衝突等問題。蔣碧珠挑選八位慈濟志工，叮嚀大家要懂得將心比心，用同理心，要很敏感的知道如何輔導，才有辦法對症下藥，給予幫助。

蔣碧珠很慶幸自己這一生得以認識慈濟，跟隨上人做利益眾生，教化人心的工作。她走進校園、步入獄所、廣招學員推展社會教育課程，現在雖已年過七十，卻更珍惜有限的生命，分秒不空過，步步踏實做，創造更多生命的價值。

提供｜張寶珠

周明道

邊緣地帶守護者——林秀霞

婚姻不順、家庭不睦、兒子功課不好、教過的學生當大家樂組頭而入獄⋯⋯種種煩心接踵而來，讓林秀霞不禁懷疑，自己是否是一個好老師？是否是個好媽媽，是否是一個好人？如果生命的困難這麼多，挫折這麼多，哪裡才有一個可以讓自己身心靈安頓的「家」？哪裡才能有一種教學方法，可以讓學生終生受用？

找到身心靈安頓的『家』

「我出生在一個小康家庭，父母、兄長非常疼愛我，雖然在讀初中的時候因姊姊生病，醫藥費讓全家陷入困境，但他們仍咬牙艱困地讓我接受高等教育⋯⋯」林秀霞談起自己從小到大，最想的就是成為一名老師教育英才，但她的理想撞上一九八〇年代臺灣的地下賭博歪風，自己又遭逢生命挫折，教育理想幾乎要崩潰。

一九八九年，林秀霞遇到了慈濟志工翁禎庭與林德川，對他們進入慈濟前後的轉變大感詫異——翁禎庭以前經常酒駕，也曾在高速公路蛇行；現在則是遵守交通規則，不喝酒、不闖紅燈。林德川講起話來溫文儒雅，過去卻是十足草根，口無遮攔。她對兩位師兄判若二人的改變充滿了讚嘆，也很好奇，到底是什麼改變了他們？

於是林秀霞跟著翁禎庭去花蓮「尋根」。一路上，她的身旁總有和藹的師兄姊溫言照顧，多年悲苦的心感受到了溫暖的膚慰，尤其當她聽到了證嚴上人的開示：「地上種了菜就不會長雜草，心中有了善就不會生惡。」此時，彷彿一盞明燈照亮她原本幽暗的心，她明白了，過去心中有太多的無明煩惱，就像那田中的雜草遮蔽了原本美好的心地，這趟旅程，她終於找到了答案。

「人身難得，一定要把握因緣，多行好事」，林秀霞在心中深切肯定地告訴自己。

回到高雄後，林秀霞開始積極地在自己任教的班級推廣靜思語教學，每天上課都會抽出五分鐘講述靜思語的故事，學生徜徉在故事的海洋間，潛移默化地陶冶了心靈，尋到了人生的方向。她也鼓勵學生寫或畫出靜思語的心得，請家長簽名後再張貼在走廊，彼此互相觀摩。一段時間下來學生的品行、功課都進步神速，她的做法也獲得了家長的肯定，他們擔負起林秀霞班上的愛心媽媽、愛心爸爸的職責，成為她班級經營最好的助手。

一九九二年，林秀霞每個月都在自家頂樓舉辦露天茶會，廣邀老師、家長參與，連續六年的舉辦，六十多場都是自掏腰包，藉此接引了許多老師加入慈濟的教育團隊。

一九九九年的九二一大地震後，林秀霞來到南投災區，看見竹山國小殘破不堪的校園，忍不住淚如雨下，她想：「孩子的教育怎麼辦？我可以為災區的學童做什麼？」回到高雄後，林秀霞開始積極募款，並利用週末假日，帶老師們去關懷災區；短短一個半月中，她帶了七部遊覽車送愛到災區。當學生大聲讀靜思語的童音從蓋好的組合屋透出時，林秀霞忘記數月來的疲憊，臉上終於露出睽違已久的笑容。

找出天生我才的慈悲之眼

林秀霞不忘初衷，教育路上最重視的就是每一個伸手就能擁抱到的孩子，最心疼的就是誤入歧途的學生。教職多年，學生之中多少會有些規矩較差的頭痛人物，而這些學生出社會後，也會因學生時期的不愛學習而吃虧，林秀霞就想把這些邊緣學生找回來，她和學校其他老師合作，集合了四到六年級各班不愛讀書及行為偏差近八十位的孩子，成立了「慈愛社」，利用升旗時間，邀請其他老師共同來進行靜思語教學。

剛開始，這些孩子總在教室大吵大鬧，滿場追趕跑跳碰。第一天，她忍不住抓住一位推攘其他學生的小男孩說：「這裡到處是桌角，如果對方不小心撞到死掉了，你就要被關了！」小朋友卻回答她：「關就關，我爸也被關啊！」甚至連被追的孩子竟也幫腔說：「死掉就算了，活著有什麼意義？」林秀霞聽了，心疼不已，下定決心一定要把這些孩子的良善之心找回來。

林秀霞不希望遺漏任何一個孩子，把這些學生分成兩組，讓每個人都能融入活動，中年級聽故事和練習數來寶，高年級則以演靜思語話劇，演主角的小朋友須背熟劇本，不想背劇本的則當背景，由美術老師做出樹木、假山、太陽等道具，盡力讓話劇以最精彩的方式呈現。

在《貪心的土財主》一劇，當太陽神的同學必須慢慢升起，土財主爬過山去找更多土地的過程裡，山神要守護好山，不能讓山倒了……最後，貪心的土財主跑到精疲力盡而倒地不起，旁邊小朋友笑歪了，等著抬「屍體」，大家演得不亦樂乎。總之，林秀霞設計讓人人有事做，事事有人做，大家透過演出一齣齣的話劇，也找到了成就感。

學期末，慈愛社的孩子們利用全校升旗典禮，唯妙唯肖地演出了《乞丐也能出頭天》，精采的表現讓不少人都掉了眼淚。演出完後各班班長紛紛送上巧克力花，老師們也抱著演員說：「你是我們班的榮耀，我們以你為榮。」

孩子們演出興趣來了，許多老師知道慈愛社是他們的最愛，便開始要求他們要把作業寫完，才能去慈愛社，他們也都聽話照做了，慢慢的，他們的秩序和功課都進步了，有的還被選為模範生、班長。多年以後，有位家長告訴林秀霞說：「以前這孩子是家裡的頭痛人物，現在卻是家中最有成就的孩子，謝謝老師的慈愛社救了我女兒。」慈愛社改變了無數的孩子，高雄市教育局的科長也稱讚林秀霞：「如果大家都像林老師這麼有愛心，就不必設輔導室了。」

二〇〇二年八月，林秀霞從學校退休，但沒放下「把天下孩子當成自己孩子」的菩薩心願，十月就在慈濟志工教育團隊裡，承擔起高屏區大愛媽媽窗口的角色。她深知靜思語教學對親師生的影響，所以著力於大愛媽媽各項能力的培養，讓這一群非教育專業人員，也能走入校園說故事、培育學生的品德。

在林秀霞與教育團隊的努力下，鼎盛時期高雄大愛媽媽有一千三百人，每週走進一百一十八個學校，五百五十個班級，受益學生達兩萬多人。大愛媽媽這個群體中的人人，並非都是投入慈濟時日已久的志工，他們之中，也有因孩子是過動兒想和小孩同歸於盡的媽媽，也有因先生外遇而在鐵軌徘徊的妻子……這些原本生命愁苦無助的人，因為加入大愛媽媽而彼此扶持，也學習付出愛心，關照社會上需要被愛的人。

林秀霞曾有一次在社區的醫院當志工時，看到警員帶進一批批未成年到夜店上班的小女孩，準備接受藥檢，這些孩子多半都有藥物濫用的問題。她搖了搖著其中一位眼神渙散的孩子，旁邊另一位孩子就說：「她沒救了，不要再搖了。」

還有另一次，她問一位因吸毒而面黃肌瘦的少女：「妹妹妳吸毒嗎？毒品那麼貴，妳那來的錢？」女孩卻回她：「我的男朋友是藥頭！」林秀霞的內心喊著：「天啊！這些小女孩才十二歲、十三歲啊！她們的未來怎麼辦呢？」每次在醫院碰到類似的情事，都讓她心如刀絞。林秀霞心想：「我們未來的主人翁怎麼會變成這樣呢？啊！不行！絕對不能讓下一代再這樣下去了！」每次經過國中校門時她總是發願，要邀請很多人進入國中推廣靜思語，拯救未來主人翁的心靈。

「有願就有力」，也許是菩薩聽到林秀霞立下的宏願，二〇一五年藉著蘇迪勒颱風後，慈濟志工進入校園協助整理校樹的因緣，林秀霞和志工團隊贈送《大愛引航》到學校，在高雄中正高中高校長全力支持下，林秀霞和大愛媽媽們開始走入該校國中部，實施靜思語教學，接著舉辦的母親節感恩活動，運動會時推動的環保教育，引起很大的迴響。

教育路上，林秀霞從校內做到校外，過去如此，現在如此，因為路上總有青少年在呼號，期盼那一雙救助的手。而她，從不收手。

微光成炬

攝影者｜張振成

藍明姮

為中輟生提燈照路——李文義

「老師，我現在需要醫藥費五千元，您能幫我嗎？」放學後的國中校園非常寧靜，花木扶疏、綠意盎然，讓稚氣未脫的阿忠求助的聲音格外清晰。這不是阿忠第一次向李文義老師求救了，此時他的眼神充滿了期待，卻又時不時低下頭，似乎連正視老師的勇氣都失去了！

李文義看著眼前一臉羞愧的大孩子，不禁回想自己也曾有過年少輕狂的歲月，當年若不是國中恩師的鼓勵陪伴，他今天也不會有「我想成為一位好老師」的志向。此時他毫不遲疑地掏出幾張千元大鈔遞給阿忠，同時語帶嚴肅再三叮嚀：「好，但是你不要再跟他們來往喔！」

老師的身教　精神的啟蒙

當年，李文義所就讀的國中採取能力分班，這讓熱愛手球運動但學科成績卻不理想的他非常不能適應，也漸漸對讀書產生反感。幸好，他的班導許淑娥老師持續鼓勵及引導，也陪伴他度過了國中叛逆的青春期。當他經由重考錄取到明新工專土木科後，許淑娥老師不僅表達了祝福，還送來參考書並鼓勵著李文義說：「你是可以唸書的孩子，再插班考大學，不要放棄啊！」

李文義感受到許老師的疼愛，依循她為自己指引的方向，最後考上大學並選修教育哲學，激發出更多學習的興趣，一路攻讀到中央大學哲學研究所。許老師的慧眼終於開花結果，她的身教也點燃了李文義的「老師魂」。

「我也可以當老師嗎？」在研究所即將畢業前，李文義思考人生目標，並決定向恩師請益。許老師點頭說：「你很適合當老師，因為你知道那些不愛念書孩子的痛苦，而且你也會用你的心去同理，去帶孩子。」

二〇〇一年，李文義通過國中教師甄選，成為正式老師。他回到家鄉桃園市新明國中服務，之後擔任學務、輔導主任達十年，面對中輟生遇到的困難，不管是課業、人際關係甚至是家庭經濟問題，李文義都陪著學生一一解決，也一直在探索可以幫助學生的各種資源。

二〇〇三年，一個偶然機緣下，他參加了慈濟教師聯誼會李美金老師在慈濟松山聯絡處的一場演講，對充滿活力的李美金老師讚歎不已。「教聯會的老師，為什麼都對學生無所求的付出？」李文義揣想著，想深入一探究竟。

他接受李美金老師的邀請，開始參與教聯會活動，聽到證嚴上人的勉勵：「沒有教不會的學生，只有用不對方法的老師。」他有了很大的啟示，理解到只有站在學生的角度想，才能真正解決問題，甚至還能幫學生家長處理各種疑難雜症。他發願：「救援中輟生回歸校園。」

救援中輟生　願作照路人

李文義認為，老師是為學生提燈照路的人，要讓孩子看清楚前面的路，因此花很大力氣在關懷中輟生。他所輔導的學生之中，阿忠來自單親家庭，媽媽忙於工作，少有時間關心陪伴他，所以阿忠混跡街頭，不久便加入幫派淪為打手，屢屢鬧事、經常不到校上課，成為學校優先輔導的對象。

李文義第一次看到有著清澈雙眸、略顯羞澀的阿忠，就決心要幫助他走回正軌。他從生活作息開始關心，慢慢引導阿忠願意說出真心話，因為只有完全瞭解他的問題所在，才能擬定正確的輔導方針。

除了用心陪伴，李文義也經常對阿忠伸出援手，漸漸得到他的信任；雖然阿忠難免還有欺瞞，但至少願意把自己在幫派的事坦誠相告，也答應李文義老師，一定找機會結束「浪跡江湖」的日子……

某天，李文義突然接到阿忠急促的電話：「老師，我脫離幫派了，但是我把中指剁掉了！」

「什麼？你……唉！你這孩子！我人在基隆，你等我一下。」焦急萬分的李文義擔心萬一手指接不回去，怎麼辦？靈機一動，隨即撥了通電話，請自己的父親馬上趕去中壢新明天橋下去幫助阿忠。

當李爸爸抵達時，看到一位以左手握著右手指的國中生，趕緊送他去醫院縫合手指；當李文義結束工作，第一時間也趕到醫院，望著臉色慘白的阿忠，既心疼又擔心！他怔怔瞅著阿忠纏滿紗布的中指，暗自思量：「是接回去了！但之後手指的靈活度萬一有礙呢？」於是他又帶阿忠到長庚醫院做高壓氧治療，直到完全痊癒。

經過一段時間之後，李文義心想阿忠的個性暴躁，讀書沒興趣，程度也差很多，整天無所事事，萬一脾氣衝動又會重蹈覆轍，看來唯有先磨練他的耐性。不久，阿忠來找他商談求職的事，李文義乘機說：「我帶你去學木雕好嗎？有一技之長傍身，就不怕找不到工作。」阿忠懇切地點點頭。

一個風和日麗的早上，李文義帶著阿忠去三峽學木雕的路上，殷殷叮嚀：「學手藝要有耐心，你要靜下心磨練你的性子。就像世界冠軍麵包師傅吳寶春，他也是國中學歷，努力一樣能出人頭地。」從來沒有人如此鼓勵、陪伴的阿忠，聽了老師的話感動莫名，眼眶泛淚，心想：「如果我不好好學，真的對不起老師！」

阿忠果真認真習得雕刻手藝，又再學了裝潢。二〇二一年底，他高興地告訴李文義：「老師，我已是裝潢師傅了，也有了一位要好的女朋友。」李文義非常高興，因為阿忠已拉回正軌，有了一個嶄新的未來。

為孩子提燈照路

每一則輔導個案的歷程，李文義總是深刻地走過，都是因為他學習上人的悲心，視學生為己出。他所輔導的另一位女學生小英，因阻擋媽媽拿刀子砍同居人，用力奪下刀子手被劃傷，李文義接到求助，趕緊打電話報警，隨後趕到小英家送她就醫；喝醉酒的媽媽及同居人則由警察接手處理。

小英上車後嚎啕大哭，李文義安慰後問：「妳怎麼那麼勇敢，敢奪刀？」

「我不想媽媽殺人，也不要媽媽被殺。」小英啜泣地說。

之後，李文義做了家訪，了解家庭狀況，由慈濟協助小英學費、生活費，並讓她擔任輔導室的志工，領取零用金。小英生活漸漸穩定，表現愈來愈好，李文義為了獎勵，問她：「有什麼願望？」

小英眼神充滿期待地說：「我三歲以後就沒見過爸爸了，我想看他。」

「好啊，爸爸在哪裡？」李文義問。

「爸爸在監獄。」小英神情落寞低聲答覆。因為父母離婚，貼心的她不敢要求媽媽，帶自己去看思念已久的父親。

之後，在一個冬季寒風吹襲的日子，李文義陪著小英走進土城看守所探視爸爸。小英看到多年未見的爸爸，顯得喜悅又有些靦腆，縱使彼此都有陌生的感覺，終究是父女天性，不久兩人就淚眼相對。李文義輕聲地提醒：「小英，不要再哭了，快說說話，你們只有半小時會面。」

爸爸激動對李文義說：「我十二年沒有看過女兒，我真的很後悔！」同為人父的李文義點點頭，體會他此刻的心境，又想到快過年了，爸爸一定會想給孩子祝福，於是他代替爸爸包了一個紅包跟小英說：「快過年了，這是爸爸要給妳的。」

爸爸含淚叮嚀拿著紅包的女兒：「妳要照顧好自己，用功讀書，要聽老師的話。」父女兩人又淚眼汪汪；李文義再婉轉勉勵爸爸：「你要永遠記得這種感覺喔！表現好一點，以後才有機會照顧女兒。」李文義期盼此時親情溫暖的氛圍，能幫助爸爸好好堅定決心，好好服刑完畢，重啟自己的人生。

愛與關懷助孩子翻轉人生

二〇一〇年天下雜誌報導——李文義一年半救回三十個中輟生。他以多年輔導弱勢學生的經驗，分析一名學生發生偏差行為，與家庭經濟、環境、課業、社會、個人習慣都可能有所關連，此時，校園裡的師長就扮演重要的角色。

李文義面對和他過去一樣對課業沒興趣的學生，會建議學生探索興趣，也用心提出素養教育、花心思為學生量身打造多元展能課程，如舞獅、打籃球、廚藝、跳街舞，送二手書到偏鄉，讓他們有事做、有信心，繼而有成就感。

遇到經濟困難者，他結合慈濟的訪視功能，提供學生經濟補助。另外，提供生活所需也是解決中輟生家庭經濟問題之一，前內壢國中林祺文校長籌設「食物銀行」，李文義時任輔導主任，極力支持慈善和教育結合的方案，由學校向家長募集物資，捐助有需要的學生家庭，當食物快過期前捐到人安基金會，和慈濟「米撲滿」緬甸志工日存一把米，自助助人的概念相同。

二十年來，李文義自掏腰包資助、守護學生，曾經獲得寶佳基金會頒贈的大愛獎金二十萬，也慷慨地全數捐給學生買電腦；他常買參考書送學生，自己卻連修繕自家的錢都不夠，卻沒有猶豫或後悔，這都來自於當年許淑娥老師的鼓勵：「你可以當一個好老師。」

李文義認為「教育不是注滿一桶水，而是點燃一把火。」學生有迷惑與困頓的時候，老師的愛與關懷將會是孩子們艱困生命中的貴人，讓孩子看到未來有好的路可以走。

等待遴選校長的李文義，不改「提燈照路人」的初衷，很想到偏鄉服務，再提高手上的燈，讓光照亮孩子更遠的路，尊重孩子，給予「適性揚才」的機會。在二〇二一年底的歲末祝福，上人親自為他祝福：「你要做一個好校長！」他也恭敬地允諾上人：「一定會成為一位好校長。」

薪火相傳

老師其實是全方位人才，班級經營、教案設計、維持教學品質、學生輔導與培育……都需要老師灌注心力、自我提升才能因應。

教聯會老師們推動五段式靜思語教學法、編輯靜思語人文教材，幫助老師們與時俱進。他們相信靜思語的人文內涵，正是這個世代需要的正向能力與素養，所以不斷創新研發，讓教育的火炬不斷延續下去。

攝影者｜黃呈燎

許淑輝

在人文薈萃之地落實人文

——許淑輝

「步行在慈悲芬芳路上，
沐浴在佛法清泉流中，
伊是智慧不息的源泉，
伊是慈悲康莊的道路，
歡迎大家行入這個真善美的慈濟世界。」

清晨，從收音機中流洩出《慈濟世界》廣播開場白，嗓音低沉卻又嘹亮，令人入耳難忘。

多重夾心餅　聞法啟新生

當年，我因為家中的三位長輩因年長或健康違和，三個孩子也都在稚齡，需要就近照顧，因此轉校任教於彰化市區的陽明國中，新家也正好就在學校對面。雖說是方便，可是勞神費心轉戰在長輩、孩子跟學校之間，時間一久，身心健康漸失平衡。

我過去在大學三年級時，曾有學長邀約參加暑期佛學營，活動型態是禮佛、拜佛、課誦、法師說解經典含義……這是我接觸佛教的初體驗，或許是缺少慧根，爾後又一直沒因緣再與佛相遇，對於佛學、學佛，總是一知半解。直到遷居彰化市之後，幸佛法慈悲，廣播中的法音清流，我就在晨間為家人準備早餐時，雖是一心二用，但是在有限的時間裡，簡短的人生故事分享，精簡的文字提示，沒有艱澀的佛言佛語，卻能適時為我注入一天的能量，也提供我在教學中智慧的源泉。

「學佛就是要學安心。」證嚴上人這一句話，撼動了我當時經常處於不安的心境。是的，我的確需要調整我日日煩擾不斷的心，有次序面對每天的生活。所以在聽到廣播中，另一句靜思語：「要細心、用心，不要操心、煩心。」讓我清楚面對一天二十四小時，家務、教學必須兩頭兼顧的事實，調整我有限的時間，不再如無頭蒼蠅般打轉，身忙心不盲、再累心不累，總能夠日日如常，家庭學校兼顧。

五毛錢的精神 一塊錢的教育

慈濟廣播聽久了，也因此興起做好事助人的想法。但是我因為不知道如何捐善款到慈濟，所以先是捐款家扶中心認撫兒童，或是看報紙登載有人因意外需要救助的消息，或善書上刊載濟貧助學訊息，我就會用現金袋方式透過郵局送給對方。

一九八八年時，我在國立臺灣師範大學進修，當時臺中地區發生了一起斂財事件，與同學們談起捐款公信力的評估。當時就有人提起，在他們的學校裡有同事每月代收善款，以劃撥方式寄到花蓮。

回到彰化後，我想到郵局劃撥善款給慈濟，巧遇一位學生家長，他也是慈濟的勸募委員，剛剛才從花蓮參加慈濟護專創校開學典禮回來，他轉送我一本九歌出版的《靜思語》。內容雖非長篇大論，但是言簡意賅，句句觸人心脾。

那時，慈濟教師聯誼會尚未成立，不過「好話教學」的概念已然漸漸萌芽。

我過去從事教職之初，教育環境還崇尚「一條鞭」，升學班學生挨鞭為成績，就業班挨鞭則是為不守規矩，這個「提鞭教育」，總惹來師生對立。但任課老師若柔性教導，則被視為放牛、不負責任，除非該班學生能自動自發。因此，我認為推動生活教育、品格教育與生命教育，是最迫切的需要。我在廣播中，聽到上人為學生請命：「天下沒有教不會的學生，只有找不到方法的老師。」我就時時以此作為自我的標竿。

有一年，我上一個班級的國文課，該班導師因病請長假，暫由實習老師代任導師，原本的導師嚴厲出名，孩子們不敢造次；換了實習老師後，全班秩序就如脫韁野馬。

某天，我在課鐘響後，走入他們教室準備上課，這個班級將近六十人，教室本已擁擠，此時仍人聲鼎沸；教室後頭，一小撮人或蹲或低頭看著地板上，不聞鐘聲響，還陶醉在自己的遊戲中。「老師來了！」風紀股長疾呼聲中，我已向教室後頭走過去，那一撮人見狀急忙作鳥獸散，回到座位上。

我故作輕鬆，慢慢走近他們聚集的地方，彎下腰，說：「嗨，不錯，還真有收穫呢！」只見學生們個個茫然，對我的反應似感疑惑。剛才那些人正玩著小遊戲，地上銅板來不及收拾，而我從地上撿起一枚，旁邊就有剛剛玩鬧的孩子頑皮地說：「老師，這好像是我的。」

我把銅板遞給他，他卻大聲嘆息道：「蛤，只是一塊錢！」我心想，雖然只是一塊錢，但孩子們並不在意。我想起自廣播中聽到慈濟功德會創立，展開濟貧教富的志業，是靜思精舍師父們每人每日多做一雙嬰兒鞋，及十五個家庭主婦每日節省「五毛錢」菜錢開始的。我對於學生們不看重一塊錢有了想法，我立刻拿這「一塊錢」為題，讓孩子們做腦力激盪。

我敘說了慈濟「日存五毛錢 小錢行大善」的理念，這是我第一次用慈濟的故事運用於教學上，調整了他們偏差的價值觀。更可貴的是這個愛心列車活動，讓同學隨著自己每次擔任列車長時收得的金額，體會出「要誰比誰更愛誰，不要比誰怕誰」。

教育走出校園　人文走入社區

「慈濟教師聯誼會」於一九九二年七月在花蓮靜思堂舉行成立大會，我最喜歡《慈濟教師聯誼會會歌》中的一段歌詞。

大慈悲為室　讓心充滿愛
柔和忍辱衣　心心不打結
諸法空為座　凡事不執著
以己身為教　處此而說法

在歌詞中我領略了教學的態度及方法，也因實際行動，從中得到教育之樂。因此也希望和教育界夥伴們一起分享。同事張秀巒老師是輔導專業，先生曾漢榮是國立彰化師範大學輔導系教授，他幫我們取得國語日報社同意，使用報紙上的文稿及其他報章雜誌的資材，每星期編輯一份「生活檢討及實踐表」，分送各班在班會時，師生共同做自我評估。一來好文共賞，二來也做團體或個人生活言行的自我評鑑。

一九九四年，臺中快樂兒童精進班成立，當時連結了許多學界校長、老師、行政人員加入為輔導員，一邊學習觀摩一邊教學，累積經驗帶進校園。在彰化縣，曾漢榮教授則為我們成立父母成長班，提供老師管教態度與學生行為改變之指導；而在彰化陽明國中，張秀巒老師也成立了問題學生輔導團體，也結合了《國語日報》文章、《靜思語》、漫畫，編製《靜思語教學教材》三本，委請鹿港興亞堂印刷廠吳槐師兄協助印製廣傳。後來，加上來自北中南東各地老師的發想，改變書寫形式的週記、聯絡簿……資源豐富。

我在慈濟教聯會諸多先進的身上學到很多，後來也偕同教聯會老師、社區志工及熱心的家長，在彰化市南郭國小楊秋雄的同意下，借用視聽教室，讓我們成立了「社區快樂兒童精進班」，教材也是以靜思語為發想，結合機構關懷、戶外教學與靜思故事、戲劇表演，也走入社區進行家訪、掃街……等活動。

繼我們之後，花壇、員林的慈濟志工也接著在他們的社區成立親子班——這些都是今日慈少班、兒童班、親子成長班的先驅，當時雖僅經營短短三年，其中孩子們的家長也陸續受證榮董、慈誠、委員，而未能參與培訓者，則是在環保志工、社區志工，也沒有離隊，甚至當年班上小孩，已有參加培訓加入慈誠行列。

道理需實踐　自我獲大益

在縣內，依當時接受靜思語教學的比例，南彰化接受度，較諸北彰化為高。我也隨著梁安順師兄及邱蘭芳、林月理、陳金貴等師姊，走訪中小學校長去進行推廣。配合週會、晨光時間邀請慈濟志工洪武正、黃俊銘、李阿利、廖芳美……等人，蒞校分享自身生命故事。

在一般人的認識裡，慈濟是個宗教團體，因此在當年，多所學校尤其是市區大所學校，都會以宗教不適合進入校園為由，婉拒慈濟志工去拜訪；而一般老師以不願增加教學負擔為由，也拒絕學習。而慈濟如果希望在校內舉辦活動、商借場地、邀請講師，即便前置作業已經完成，也會有人借主管不允許為由來拒絕受理。

這些挫折累積了我們的經驗，我有一次計畫利用班會與聯課活動，邀請口足畫家謝坤山到校分享，起先我也被承辦人拒絕；但後來我找到校長溝通，校長卻同意了，原因是他知道我與同校任教的先生為人正直，且對長輩孝順、對同事講義氣，對學生的管教很得家長認同，所以他相信我們要做的事情，一定是對學生有利益的。

一九九九年暑假結束，開學後不久，就發生了九二一大地震，那陣子除了又與教聯會老師利用假日進入災區賑災、關懷，也偕同慈青到災區中小學進行心靈重建活動。但災後學校復課不久，我因進教室時扭傷足踝，一度勉強自己強忍疼痛上課，卻因疼痛誘發心律不整而暈厥。送醫後，開刀處理斷裂足骨，又檢查出腎臟功能衰竭現象，須長期洗腎。我雖然戀眷著教學工作，但是身體狀況著實不許，就此辦理退休。

記得上人曾對委員們說：「老師是有知識的人，但是你們是有智慧的人。慈濟精神感恩、尊重、愛，四神湯你們也喝很多，法喜要多分享啊！」

我雖然退休了，但彰化許美富老師、游素貞師姊等人努力把臺中大愛媽媽成長班模式複製回彰化，他們並非專業老師，經過集訓卻可以在校園中講故事、帶活動，因為生動活潑，很受老師歡迎。我住的地方有閒置空間，平日也供社區會眾讀書聚會用，就讓彰化區的大愛媽媽來共修，兼可研討佛典義理，每週定時聚會共修。

前塵往事，過去所參與的彰化教聯會、親子班、大愛媽媽等，如今已整合成慈濟教育功能團隊，人人分工，不論教學、校外推廣、資源分享……等等工作，拜科技之賜，能傳得快又廣。慈濟人文精神，融入教學活動中，是學子之福，也是大社會之福。

微光成炬

攝影者｜王佑華

講故事排解現實困境——吳靜怡

吳靜怡、蔡黎旭、陳麗英、張薰方

個性文靜的屏東教聯會吳靜怡老師，在還沒有認識慈濟之前，就很喜歡這一套《吳姊姊講歷史故事》系列書籍，她透過閱讀故事，學習到很多歷史典故，她就在心裡發願：以後也要講故事與人分享。

她進入慈濟之後，認識到靜思語教學，讓原本教學熱誠漸入枯竭的心靈有如受到仙女棒一揮，點亮了一系列啟悲運智的火花，幫助她在痛苦黑暗的家業深淵裡，源源不絕的綻放出朵朵璀璨的煙花。

靜思語故事　重燃教學熱誠

一九九〇年八月，吳靜怡老師到花蓮參加「靜思語教學營」，第一次見識到靜思語的實用和美善。她說：「靜思語可以讓每一個人懂得重視自己的生命，會因為看到別人的改變而深受影響，也讓我從當中理解到上人的法很實用。一般人會覺得佛法很難懂，但透過靜思語故事，除了寓教於樂，還讓很多人覺得很有意義，不只自己改變了，親子關係、婆媳關係、家庭關係都能得到改善。」

當時，慈濟教聯會還沒有成立，但已經陸續有幾位老師都在教學中融入靜思語，吳靜怡也想效法，「因緣來了，就把握因緣；沒發現因緣，就創造因緣。」

她一回到學校，就開始跟學生講靜思語故事，看到小朋友聽得津津有味，她也樂此不疲，有空堂就找有意願配合的班級去講故事。曾經，吳靜怡排不出時間去隔壁班做靜思語教學，乾脆就拿了「靜思語」給班級導師，請她先讓小朋友靜下心來才開始上課，也因此對老師和學生起了相對的影響力。

某一次，有一位被罰倒垃圾的小朋友，聽到下課鐘聲響就將處罰拋之腦後，急著要衝出去搶鞦韆；當下，其他小朋友即對著他說：「小事不做，大事難成。」吳靜怡聽到學生們天真又友善的話語，當下好生歡喜，見證了靜思語教學的影響力。

更在一次，吳靜怡分享自己的靜思語教學經驗後，隔壁媽媽有感而發的表示，想要帶小朋友來聽靜思語故事。於是，每週三晚上，吳靜怡家中的餐桌就成了靜思語教學的殿堂，從一開始只有三個小朋友的「靜思語故事班」，到後來一桌變三桌，甚至在社區遍地開花。多年以來，她所帶動與開拓的靜思語說故事班，遍佈了屏東縣五個鄉鎮，其中萬巒鄉六所國小、潮州鎮八所、萬丹鄉四所，竹田鄉一所、新埤鄉一所。

吳靜怡自己也是一路講靜思語故事，從在職講到從潮州國小退休將近二十年，至今同事們還是紛紛邀約，希望給孩子們聽靜思語故事。每次回去學校收功德款時，同事都紛紛打招呼：「阿母您回來了！」她逐一把這些問候收入心底，因為講故事所帶來的信心與安定，也幫助她度過了難為外人道的辛酸。

活在願力下　化良田為福田

吳靜怡透過慈濟故事分享，深刻發現不僅讓許多志工走出家庭危機、婚姻困境、親子、婆媳問題，更讓她釋放了家業折磨的苦痛與壓力。

其實，她在推動靜思語進校園的過程中，由於先生與兒子陸續出現躁鬱症的病徵，她不知道該如何處理，也沒有任何支援，只能硬撐到退休，生命幾乎被折騰到盡頭。吳靜怡無奈地說：「先生因病況日益嚴重，被迫提早退休，家中三餐無法正常煮食，先生經常忘了關火，險釀火災。兒子離婚後，病況也漸漸明顯，情緒起伏非常大，工作不順利，常與人衝突或訴訟不斷。」

對大多數人來說，家可能是避風港，但吳靜怡家中卻像有兩個不定時炸彈，她只能設法先保護自己，她常揹著電腦在車上睡覺，就連要出門，只能把包包藏在車上或機車車墊下，車子一開就走，「逃」到慈濟去說故事。「這些日子，我和先生爭執不斷，常常是有理說不清，我一個人不知如何過日，只好東躲西藏閃避，只有願力撐著我咬緊牙根走下去。」吳靜怡說道。

由於先生與兒子因闖禍連連，她無力勸阻，只能事後才回家善後。有一次下著小雨，她無處可去，就跑去田裡躲。當志工們來田裡探望她，見到她這般辛苦，忍不住就哭了，覺得她好可憐，但她卻說：「習慣了，有個地方可以躲，就很好了。」吳靜怡形容自己那一段日子，彷彿隻身在國外般的無助，沒有人聽懂自己正在受的苦，只能藉由不斷看上人的書，透過努力去分享靜思語來轉移家業帶給她的磨難，釋放身心的壓力。

吳靜怡多年的忍耐與不放棄，終於等到先生病情有所改善，在先生狀況好時，還能陪著她去飼潭環保站帶動讀書會，降低她一個人夜間獨行時的害怕。這番經歷，讓吳靜怡深刻了解到什麼叫業力，也學會用感恩心面對，「幸好有慈濟事讓我投入，讓我在忙碌與成就感中走出人生的陰霾。想到我還能做慈濟，能進校園做靜思語教學，帶動讀書會，最感恩的是父母留給我的身體，沒為他們做好事，死不甘心。」

吳靜怡在屏東分會佛前許願要完成圓滿十個榮董，一路省吃儉用、想方設法，接連為家人與自己圓滿了九個榮董，連上人都要她不要再捐了；但是，她透過自己的苦，想到慈濟能幫忙那麼多苦難的人，仍是依願完成了十個榮董。就連先生都被她帶動，接受培訓成為一名慈誠隊。

「改變自己是自救、影響他人是救人。」對於能接引這麼多的人加入慈濟而改變命運，她說：「過去，我沒有智慧，任勞無法任怨，幸好找到慈濟，也生出力量與智慧來保護自己的家。孩子是我的責任，家是我的堡壘。」

吳靜怡走進了慈濟，在讀書會的學習中，讓她了解因緣果報的道理，學會了面對自己的業力，不但任勞還要任怨，「『甘願』是我這一生要修的功課。先生和孩子是來度我修行的，很感恩他們給我的考驗，讓我有因緣走進慈濟大門，更希望能成就一個慈濟家園，菩薩家庭。」

耕耘福慧路　傳承真善美

吳靜怡也深信，只要肯開口處處是因緣。自從幼兒來家中客廳聽靜思語故事後，她開始陸續邀請志工來幫忙，還邀約了同是教聯會的匡惠敏老師、黃鳳純老師來承擔中低班、中高班教學。故事班也在無心插柳的情況下成為「媽媽讀書會」的肇始，來聽靜思語故事的媽媽們，利用等待的時間也成長了，他們開啟了「故事班媽媽讀書會」，後來都陸續成為大愛媽媽的成員，也為後來「潮州親子成長班」催生，成為基本班底。

吳靜怡說：「記得剛受證後，社區勤務沒有現在的資訊方便，通透性也不普遍，似乎只有委員、慈誠間的電話聯絡，社區會眾參與不容易，接引不方便。因為接觸了靜思語教學，發現慈濟的故事那麼美，那麼好，與佛法的印證那麼契合又淺顯易懂，就主動邀約師姊到家讀書聞法，和孩子的靜思語故事班不同時間，雙軌同步進行，讓社區的活動更開闊，讓更多人能了解參與。」

她還發現社區裡的委員師姊們，做慈濟都很用心，卻比較沒時間看書。她想到上人曾說：「南部慈誠、委員很有草根性，若再加一點慈濟人文的薰陶，一定更能顯現力與美的氣質。」她更加積極，針對志工開創出不同的方式來帶讀書會、說慈濟故事。

每次要帶讀書會說故事，她都好歡喜，閱讀也成為她的好習慣。她曾經徬徨無助、如荒煙蔓草的心田，因靜思語與讀書會的耕耘，就像曾經荒煙蔓草的田園，一鏟一鋤後而花草共生、瓜棚滿架、蔬果並容；隨著不同季節的更迭，將豐碩的收穫分享予周邊的每一個人。

精勤又慈愛的吳靜怡就像「掘井人」，讓佛法如湧泉，潤澤自己也滋潤他人枯竭的心房，更讓愛心源源不絕。她真切期許自己能接引出更多的人間菩薩，願大家在愛的澆灌下，代代薪火相傳，展現善良微光的大力量！

攝影者｜孫保源

蔡白球

給學生一輪明月——劉美嬌

「你們如果不乖，警察會把你們抓走。」劉美嬌剛上小學一年級，她的導師為了維持秩序，竟然出言恫嚇一群哭哭啼啼的新生。劉美嬌一聽到「警察」兩個字，就不自覺地發抖，深怕被警察帶走，從此不敢進教室，每天一進校門馬上將書包塞給姊姊，並威脅姊姊不可以向爸爸說，直接跑去操場盪鞦韆。

一個月過去，正在巡視校園的校長發現她的身影，上前問劉美嬌：「為什麼上課時間在外面玩？」她只是低頭不語。校長看了看名牌，直接帶她到班上，並請她的導師一定要進行家庭訪問。當晚，導師到家裡來，父親得知美嬌的逃學，才知道自己一直被蒙在鼓裡，非常生氣，從此每天親自騎腳踏車載著劉美嬌上學，還守在教室的外面，確定她乖乖地坐在教室聽課，再悄悄離去。

後來導師詢問劉美嬌為什麼不進教室，才知道她害怕的原因。從此，導師在教室裡就不再提及「警察」這個詞，且說話輕聲細語，不打人，不罵人，加上老師外表端莊優雅，後來劉美嬌不但不再害怕上學，且漸漸喜歡這種教學氣氛，默默許下長大也想和導師一樣，當個溫柔的老師。

劉美嬌如願考上嘉義師專，一九七三年畢業後，開始在小學執教，因為教學認真又有創意，學校指定她擔任數學實驗班導師，又被選為數學科輔導員，寒暑假到臺北受訓。在那段期間，認識了遠從花蓮來受訓的黃麗照老師；黃老師每天晚上都跟大家聊，花蓮有一位證嚴法師，做了很多濟貧救人的工作，而這些事蹟，在劉美嬌心裡也種下了一顆善種子。

提高水準　降低標準

劉美嬌個性急、嘴巴快，自我要求高，對學生要求的標準也就很高。在教室，學生秩序一亂，學生大聲，她就比他們更大聲，常常一邊拉高聲調罵人，一邊拿起教鞭狠狠地往講桌甩，甩到教鞭都裂開——她幾乎忘了，自己原本要當一位溫柔的老師。

她常常把教室裡的氣氛弄得烏煙瘴氣，自己也覺得很辛苦，教得好累。「你的聲音好像男人，很粗，怎麼會變成這樣？」一位好朋友打電話聯絡她時，發現她的聲音變了，劉美嬌頓時醒悟，意識到似乎自己教學方法出問題了。

劉美嬌自從認識黃麗照老師後，一直有交慈濟善款，當她調到桃園任教，就改由慈濟委員陳線妹來收善款。她從陳線妹的口中得知，慈濟教師聯誼會將在花蓮靜思堂舉辦成立大會，一九九二年七月二十三日那天，劉美嬌也去到花蓮，認識了桃園建國國小的沈聯珠老師。從聊天中得知，沈老師為了對學生叛逆行為，例如學生在她的摩托車油箱加水、逃學，而感到心灰意冷，也正為了班級經營找方法。

「學生的心就像一張白紙，老師怎麼題字，它就會留下什麼字跡。因此，期待老師們要用心地負起教育英才的責任。」那一天，上人在大會中對老師的期許，震撼了沈聯珠老師，覺得身為老師更應該扛起這份責任，於是邀請劉美嬌老師、郭誘雪老師，一起前往臺北參加北區教聯會的靜思語教學研習，帶回了一句句簡單易懂的好話，應用在自己的班級上。

劉美嬌先從自己做起，在班上，不再拍打桌子，不再用力地說話。學生不乖、不安靜時，她站在講臺上，想到靜思語說：「一個缺口的杯子，換一個角度看它，仍然是圓的。」她開始靜靜地用欣賞的角度看他們。

但是有一次，班上又是吵吵鬧鬧，她的脾氣快要抑制不住，她手拿起板擦，不敢轉頭，慢慢地擦著黑板。「老師！黑板又沒有字，您在擦什麼呢？」「老師在抒發情緒啦！」學生還是繼續吵，劉美嬌趕快跑去洗手臺，打開水龍頭，往臉上潑水，讓自己冷靜下來，再進教室。

她反省：「小朋友上課靜不下來，老師自己也要負一半的責任，可能是課程不夠精彩，才無法吸引他們的注意。」劉美嬌努力地調整自己的教學內容，甚至講靜思語故事，讓學生把心靜下來，再把一句靜思語抄在黑板上，而黑板上那句靜思語，一定是她自己做得到的；上百句的靜思語，若有一句自己做不到，就將它貼在後面的公佈欄上，來提醒自己每天朝這個方向努力。

劉美嬌漸漸地對學生「降低標準」，對自己「提高水準」。

靜思語　融入課程

每一句的靜思語猶如生命的警鐘，敲醒劉美嬌的思惟，每一句都成為劉美嬌為人處世的方針。她開始將它融入在各科的教學內容中。就如教「機率」，她畫一個圓形紙板，一面寫上「善」，另外一面是「惡」，再請學生將紙板往空中拋，並分別記錄次數。

紙板掉到地上若是「善」，她就問學生：「什麼叫善？你今天講一句好話，那就是善；你今天幫人搬椅子，也是善。」若是「惡」，她就說：「講一句不好聽的話，或罵人，那就是惡。」經過很多次的投擲，學生就會發現，善與惡，每一面在心中的機率各占二分之一。她繼續說：「行善與造惡就看日常生活中我們如何選擇。」這種寓教於樂的教學方法，讓學生玩得很開心。

如果是六面體呢，機率是多少？劉美嬌不要用骰子，因為感覺類似賭博的遊戲，她做一個很大的正方體，每一面各貼上知足、感恩、善解、包容、慈悲、智慧。若學生投擲到「感恩」那一面，就問：「請你說一說，今天有什麼值得你感恩的事。或是你覺得最感恩的人是誰？」靜思語融入在數學科裡，不但教數學，同時也上了品德課，也讓學生覺得有趣。

班級經營　入校園

劉美嬌擅長運用「靜思語」來進行班級經營，時不時班上發生大小事，她都巧妙地化解。就如一般班級內若發生偷竊情形，老師一定是搜書包，但是卻常常找不到小偷，所以劉美嬌並不這麼做。

有一次，小朋友帶來學校準備繳費的一千元不翼而飛，怎麼辦？她就向全班學生說，下課都不要出去，然後她開始講故事：

「在一個深夜裡，月亮很美、很圓。有一個小朋友知道某間寺裡的法師下山去了，就到那間佛寺翻箱倒櫃，忽然間聽到腳步聲，轉頭一看，師父已經站在他的背後了，他趕緊起身要離開，師父把自己的長袍脫下來，說：『外面的天氣很冷，你披上吧！』就將長袍披在他的身上，這個孩子立刻逃下山。隔天一早，師父打開佛寺的門，長袍外套已經整整齊齊地擺在門口。師父說：『我終於送給孩子一輪明月！』」

劉美嬌說完故事，就對大家說：「同學們，也許丟掉錢的人，自己忘記放在哪裡了，你們幫他找找看，到底他放在哪裡？他可能放錯地方。」

結果偷錢的小朋友，就去翻找遺失錢的學生書包裡、櫃子裡，努力地找，還去翻書本，然後就說：「找到了，我找到了！」劉美嬌心裡很清楚：「錢就是他拿的。」但為了保有孩子的自尊，劉美嬌不會在全班學生面前戳破這個事實，等到放學的時候，才特別把偷竊的小朋友找來曉以大義，並送給他一句靜思語：「一個人不怕錯，就怕不改過。」

除此之外，遇到學生說謊，劉美嬌就給他一句靜思語：「謊言像一朵美麗的鮮花。外表鮮豔，但生命短暫。」孩子就會自我反省；遇到愛告狀的小朋友，就對他說：「口說好話，如口吐蓮花；口說壞話，如口吐毒蛇」，之後學生說話，就懂得自我過濾了。

培養品格　非傳教

好的教材，需要有老師在適當的時機，適應孩子的習性，用得恰當好處。

劉美嬌在一整天教學過程中，都會視班級發生的狀況，選擇恰當的故事，搭配一句靜思語當作主旨，在學生放學前二十分說給學生聽。為什麼要在放學前說呢？

曾有一位信奉天主教的家長，每天看到小朋友聯絡簿裡都有靜思語，就非常不高興，就在聯絡簿上留言：「劉美嬌，妳是在傳教嗎？」劉美嬌雖然覺得委屈，但沒有和她筆戰。但這位家長並不打算善罷干休，直接來學校質問，劉美嬌就對家長說：「靜思語很生活化，對孩子的品行、道德觀是有好的影響，絕對沒有宗教色彩，您可以觀察我一、二個月看看，如果發現不妥，那我就停止。」其實劉美嬌心中已有決策，就是由孩子來改變媽媽。

「媽媽我告訴妳喔，今天我們老師說了一則故事……」劉美嬌利用放學前作業指導時間，開始說故事；孩子放學了，一上到家長的車，就在回家途中開始倒帶，複述剛剛聽來，還熱騰騰的故事。媽媽聽得很高興，慢慢覺得老師的靜思語教學不但沒有宗教色彩，而且都在教導孩子的品性，也就不再質疑，更沒有去投訴。

有一天，這位家長來到教室，向劉美嬌說：「老師對不起，我誤會您了。」家長接著說：「孩子本來很喜歡買文具，有一次去到百貨公司，居然說，我們要節儉，現在有很多非洲的小朋友沒得穿、沒得吃，不要浪費。孩子說他再也不要亂買玩具了！」孩子的這些話給父母相當大的震撼。

由孩子去影響家長，這是最好的方法。劉美嬌也常和家長們分享：「命好不如習慣好，好習慣的養成非常重要，而且又是在這個小學的階段，就如小樹若長歪了，長成大樹後就很難拉回來了。」劉美嬌的班級經營風格開始在家長們的口中傳開來。

「奇怪，劉美嬌到底有什麼樣的魅力？」學校主任常常接到許多家長請託電話，想擠進劉美嬌的班，造成校方很大的困擾。但這些家長不是為了孩子好的成績，而是傳聞中她的班上學生品性改變，壞習慣改變，變成家裡的乖寶寶。校方在不堪其擾下，乾脆拜託劉美嬌在晨光時間到主控室，說靜思語故事給全校的學生聽，讓每位小朋友都受惠。

劉美嬌退休至今已經十二年了，她很慨嘆現今的教育環境：「現在有一些不明理的家長，不滿意老師就投訴校長或高層，使得老師的教學士氣都非常低落；又現在的學生打不得、罵不得，老師們就無法可施了，感覺學校教育必須要再投入力量。」

儘管她不再執教，仍期待能用不同的身份，再回到學校落實品格教育，讓校園充滿了歡樂聲。

提供｜葉瑞芬

葉瑞芬、張素卿

大愛引航
編纂之路
——葉瑞芬

左眼近視度數二千六百度，右眼近視二千度，但即使戴了厚重的眼鏡，仍遮掩不了葉瑞芬老師親切和煦的笑容。但在她找到生命裡那道燦爛陽光之前，她可是一天到晚繃著一張「撲克臉」，每天盯著少數學生「不交功課」、「不守規矩」、「成績無法進步」，這些無法如她預期般的表現，讓她的心情常常如烏雲般老是快樂不起來。

葉瑞芬從政治大學教育系畢業後，嫁給當檢察官的先生，看似光鮮亮麗的人生，卻因從小的深度近視生性內向且不善言辭，一度成為她教育路上的「罩門」；直到她隨先生調到高雄服務，她進入高雄市立前金幼稚園服務，當時的園長特別器重這位來自臺北的「高材生」，開會時總指定她發表意見，才慢慢從一次次的表達中找到自信。

她的女兒在兩歲多時生了一場大病，吃藥吃成月亮臉，差點要洗腎。幸好遇貴人提醒，夫妻倆趕忙帶著女兒回臺北榮總就醫，才確定是B型肝炎引起的小兒腎臟病，需長期打干擾素增強抗體。為了孩子就醫方便，葉瑞芬又請調回臺北任教，從此在家庭、校園、醫院之間折返跑，她自我要求高，責任感又強，對教學工作全力以赴，對女兒照護也無微不至，長期下來，嘴角不再上揚，內心總在警戒著各種突發狀況。

有一次，學校舉辦懇親會，葉瑞芬聽到一位爸爸在跟學校的主任閒聊：「主任，我的女兒曾經就讀貴校一整年。她告訴我說，那一年，她從來沒有看見她的級任導師笑過。」一旁的葉瑞芬聽到了，心中默默反省：「他說的是我嗎？」

陽光其實沒有不見，當時間到了，就會有輕柔的風把烏雲吹開。

能量耗盡的老師　撥開迷霧見陽光

「鈴～鈴～」某晚，葉瑞芬還在整理家事，一通電話打斷了她，話筒那頭是家長的臺灣國語口音，聽來似乎有點不好意思卻充滿誠懇，「老師，我可以捐證嚴法師的《靜思語》，送給全校老師每人兩冊嗎？」

葉瑞芬感覺有點神奇，她幾天前，才無意間在廣播中聽到的「慈濟教師聯誼會」，還有一些靜思語教學的介紹，那時聽著聽著，就覺得很想去參加。「小豪媽媽，為什麼您想捐《靜思語》呢？」葉瑞芬還是問了家長要送書的理由。「我聽說靜思語教學很好，希望全校老師都能用到，小朋友就會變得很乖喔！」聽到對方的答案，葉瑞芬心想：「這個家長好大的肚量，他不是只想到他的孩子，而是想到全校的小朋友……」

然而，也因為這位家長的發心，不僅成就了十幾年來舊莊國小的靜思語教學蓬勃發展，葉瑞芬也正式加入教師聯誼會，更因緣際會地帶動五位老師，一起在學校組成了靜思語教學協同教學團隊，一起努力實施靜思語教學。

「老師們，你們可以再靠近一點看我喔！皮膚沒有皺紋，白抛抛又細咪咪。因為我每天一早五點就起床，打新鮮的精力湯給全班的寶貝喝，我當然也喝了不少，這是成果喔。」葉瑞芬聽著講臺上，來自臺南的林金拔老師分享自己的班級經營訣竅，深深打動葉瑞芬的心：「同樣是老師，為什麼我做不到這麼呵護自己的學生呢？」

加入教師聯誼會之後，葉瑞芬每到寒暑假就前往花蓮參加教師聯誼會的營隊，聽資深老師分享一招、兩招他們的教學方法，每一招都含有太多的愛和靜思語的智慧，讓葉瑞芬的生命開始不斷舒展、吸收，用同樣的方式，回到自己班上做「實驗」。

但是，問題來了，她所聽到的方法，有些是針對中高年級，甚至是國中學生，但當時她教的都是低年級的小朋友，分享了靜思語，孩子未必能瞭解，有時還必須再用故事輔佐來說明，他們才比較知道這些靜思好話的意涵；她進一步思考：「教會靜思語之後，小朋友只是認知嗎？是不是還要在生活中去實踐呢？」

葉瑞芬有感於，即便有好的課程理念，但要落實到每個階段不同對象，還是要有具體方法。正好，在一場教師聯誼會中，她忽然聽到教聯會全臺總幹事陳乃裕師兄說：「現在呂素琴老師和古宏深老師夫妻，他們發願要為靜思語教學編一套教材，想要做靜思語教學又找不到資源的老師有福了！」此時，葉瑞芬就好想去認識這一對夫妻檔老師；而之後，陳乃裕成立慈濟教聯會編輯組，葉瑞芬也就開始加入大愛引航教材的編寫團隊，一償宿願。

葉瑞芬回想自己小時候，電視不普及，也沒有什麼才藝班或補習，每天最快樂的事就是閱讀，當年父親為她訂閱《國語日報》和《王子雜誌》等小學兒童讀物，都讓她悠遊在一篇篇的童話故事中。她小學六年級的時候，就很愛天馬行空寫故事了，這一個作家夢一直深藏在她小小的心靈中，沒想到就在編大愛引航教材時，發揮一點用處了！

這一套教材共選用了六百四十八句靜思語，需配合六百四十八個故事，有的「靜思語」還無法從現有的故事找到適合的內容來詮釋，呂素琴老師就指導與鼓勵編輯團隊：「我們可以自己來寫童話故事啊！」因此，一篇篇的童話故事、生活小故事，就這樣從葉瑞芬的二手傳真機傳給呂素琴了。

回顧五段式教學　品格教育久彌新

呂素琴、古宏深夫妻倆開始發願編寫第一套小學版靜思語教學教材，以靜思語為精神主軸，再用「五段式教學步驟」為架構。五段式教學法，在品格教育來說，非常完備，任何教案都可循此步驟去設計：一、體驗。二、講述故事。三、省思。四、靜思。五、生活實踐。老師只要用心對待學生，可以視時間多少，靈活運用其中任何五個方式，但是仍以靜思語為核心。

在「體驗」階段，以靜思語：「時時面帶笑容，要別人笑，自己先要笑。」來舉例。老師可以帶孩子們玩「逗別人笑」的遊戲，請同學們兩人一組，一個故意裝臭臉，另外一個要去逗他笑，看要花多少時間？結果不到一分鐘，所有的人都笑開了。老師問同學們：「你們有沒有感覺，要用什麼表情去逗別人笑最容易？」「裝笑臉呀！」老師說：「是呀，要別人笑；自己先要笑！」

靜思語是證嚴上人在遇到事情時，心中對境所生出的智慧法語，但是小朋友對靜思語的文字，倘若不能體悟其真正的含義；此時老師們需要採用「以境示教」，透過虛擬或實際的方式，或是畫圖、或是遊戲、也可以用角色扮演，方法千百種，目的只是讓學生從親身的感受中，體悟靜思語的含義。

小朋友最愛聽故事了，「只要表現好，老師就會講一個故事來獎勵大家喔！」葉瑞芬老師向學生們講了一個「小獅王皮丘卡」的故事，融合了孩子們熟悉的元素，把靜思語的精神融入其中，在說完故事之後讓學生們動動腦想一想：「常常面帶笑容有什麼好處？」如此，透過故事細節的描述，孩子可以舉一反三，把靜思語的道理跟生活面相結合，更具體了解這句靜思語如何用在日常生活中。

而透過「省思」問題，才能激發孩子們用頭腦去思考判斷，情境中的人物，誰是誰非？一般的品格教育，共同點是需要做「價值澄清」的判斷，若是判別這是對的事，就能引導學生朝著善的方向前進！

但是，大部分的學生包括成人，判斷是非對錯的認知很容易，但是要去做到，卻如天差地別，就是做不到！怎麼辦呢？「靜思」的階段，可以讓學生「心動」進而「行動」——靜思的情境，需要安靜到讓每個人都能靜下心來，專注用心於當下。用心做什麼呢？用心聆聽同年齡或同班同學的真誠分享，而且這個分享，必須是分享者自己有親自去做到的細節描述，這樣聆聽的同學能聽到具體經驗，分享者也能加深正確行為的印象。

最後的「生活實踐」，就是透過各種方法，鼓勵學生把學到的靜思語帶回家，落實在生活中。葉瑞芬一直記得，有一位信仰基督教的家長打電話來說：「老師！您是怎麼做到的呀？」

這位家長的孩子比較沒自信，原先也不愛上學。在升上中年級以後遇到葉瑞芬老師，慢慢有了改變。因此家長很好奇，如何讓學生開始主動願意寫作業，還請媽媽幫忙改練習題、提示重點，複習到很晚了仍然不肯去睡。

葉瑞芬想到前幾天，一大早早自習的情景，心中不禁對「靜思」後「生活實踐」的效果，讚歎不已。在她的班級教室旁，就是學校的後山，一早，從窗戶外就會傳來清脆蟲鳴鳥叫的協奏曲，班上的孩子在抄完聯絡簿之後，都會在座位上靜坐幾分鐘，聆聽大自然的聲音，此時，全班靜悄悄的，大家的心都是清淨的、放鬆的、愉悅的！

那一週的靜思語是：「盡多少本分，就得多少本事。」生活實踐則是：「主動複習功課。」當時，全班最主動學習而且人緣又好的班長小云，主動舉手來分享自己的經驗：「老師，各位同學好！我每天回家幫忙做家事之後，就自己去房間寫功課，寫完今天的功課，我就會複習這次月考要考的範圍。我用的方法是先寫注音，再用注音考自己寫國字，還要寫練習題，寫好以後就自己改，有問題再去問姊姊……」

葉瑞芬看著臺下一雙雙熱誠又羨慕的眼神，很清楚孩子們純真的心中深處的念頭：「我回家也要學小云一樣，盡本分好好的主動複習功課喔！」葉瑞芬更明瞭，孩子並不是為了老師出這一樣功課，懾於權威而去做這件事；而是他們有「典範學習」的榜樣，每個人都有向上向善的求好心切，只是不太清楚如何做到，「既然班長這樣做，我也可以跟她一樣做得到！」

實施靜思語教學以後，葉瑞芬老師明顯感受到學生的改變，雖然不是全部，然而大部份的學生，由原來的害羞，到熱情的招呼；由原先的撲克臉，轉為一張張燦爛的笑臉。最重要的，是她自己也卸下了那張「撲克臉」。葉瑞芬說：「要教學生靜思語之前，我都得先反省自己有沒有做到？」經過不間斷地自我檢視，滌除看別人缺點的習慣，也慢慢練習多看學生的優點；想法改變了，心情也隨之改變，笑容變燦爛了！學校老師都有感覺，告訴她說：「你完全變一個人喔！」

原來，一切都是因為自己那一念心，改變自己，才能影響別人。葉瑞芬感恩「靜思語」，如陽光般照進她與班上每一個師、親、生的心中。

微光成炬

提供｜慈濟科技大學人文室

教學改革下不變的核心——梁明

施金魚

南投縣竹山國小梁明老師，在學生時代就是一顆耀眼的明星，高大英挺、頭腦靈活、活力充沛，是運動場上的風雲人物，也是師長心中的寵兒。他以十項國手資格保送臺北師範學院，一九九二年畢業後，就來到竹山國小任教。

向來，他做每一件事都用心投入，自許在教學上也能有出色的表現。面對學生，他覺得自己以前做得到，學生只要認真努力，也能有好成就。因此，他對學生的要求就是要從A到A+，從優秀到卓越；一旦學生達不到標準，在他眼裡，就是不用心、不認真，下場就是藤條伺候。在「嚴師出高徒」的信仰下，不出幾年，他就成了學校的名師。

◎教聯無私付出　開啟學習契機

一九九九年，竹山國小才剛歡慶百年生日不久，就因突如其來的九二一大地震，使得承載多少學子美好回憶的珍貴校舍，幾乎毀於一旦。幸有慈濟基金會迅速認養校舍重建，慈濟教聯會又在幾個月後就展開災區師生的心靈關懷，舉辦「震動大愛，重建『笑』園」親師生成長班。梁明老師發現，慈濟對教育跟他一樣認真，是如此全面性的從硬體到軟體都挹注資源。

他更發現，慈濟教聯會的老師更認真，在每個月的第四個星期日，北區教聯會老師們風塵僕僕來到竹山國小，透過手語、團康、戲劇、生命教育及靜思語教學，帶動孩子們重現歡顏與活力。有一次，梁明在一大早就來幫他們開校門，一問才知道，臺北的教聯會老師們竟然是清晨兩點多就從臺北出發；而這群老師在中午活動結束後不是馬上離開，還留下來開檢討會直到四點才啟程返回臺北。對此，梁明覺得不可思議，「怎麼有這樣的團體，吃自己的飯，做別人的工作？」

梁明從驚訝到好奇，第一次接觸靜思語教學，就覺得靜思語句句淺白，卻充滿人生智慧，是生活教育的好教材，於是他到花蓮參加教聯會所舉辦的「靜思語教學研習營」，透過講師的示範與演練，學會了「五段式教學法」——體驗、講述故事、省思、靜思與生活實踐。回到學校後，他告訴自己，不再打學生，「沒有教不會的學生，只有找不到方法的老師。」他已經找到方法了。

他開始把靜思語教學融入課程，上「體育與健康」課時，測驗憋氣一分鐘，每個學生都覺得快要斷氣了，這時他告訴學生：「這就是『人命只在呼吸間』，一口氣上不來，生命就結束了，還有什麼好計較、好比較的？」受限於教學進度，有時他並非完整的五段教學，也能達到融入課程的效果。

「如果老師一直講道理，那就是嘮叨，孩子會覺得無關痛癢，利用體驗或情境來教靜思語，孩子有感受，印象會很深刻。」梁明強調：「情境是要設計的。」在語文課程中，即使是議論文，或是用繪本說故事，最後他都會以一句符合內容的靜思語作為總結，不但可以聚焦文章的意涵，也使得這句靜思語有了情感的連結。

◎學生震撼教育　嚴師華麗轉身

雖然學到新的教學方法，梁明仍然在意學生的成績。某次在月考之後，他在教室閱卷，發現許多一再強調的題目，學生還是答錯，瞬間怒氣直衝腦門，對著正在用餐的學生，拉高嗓門：「教那麼多遍了，還是不會！」他氣到不想吃飯。

班長送來作業簿，夾帶了一張字條：「老師，你不是說，生氣是拿別人的錯誤來懲罰自己。」怒氣未消的他看了，內心獨白：「對啊，我就是懲罰我自己，不行嗎？」接著，排長送來聯絡簿，也夾了一張字條：「老師，生氣是短暫的發瘋。」當下他啞口無言，心想學生還挺會用靜思語的。

看他還在氣頭上，有個學生送來一張卡片，寫著：「老師，你不是說過『生氣是懦弱無能的表現』。」他捫心自問：「我真的很懦弱呢！唉，算了，還是吃飯吧，明天再想辦法。」他拿起餐具到講臺前要盛午餐，擦黑板的學生竊笑地說：「要做菩薩，也要吃飯啦！」他想：「對啊，我都還沒成佛，跟學生拗什麼脾氣？」走近餐盤一看，學生已經倒了剩菜，午餐沒得吃了，他只能苦笑，果真是懲罰自己了。

歷經這一場震撼教育，他看到孩子們的貼心，也發覺他教給孩子的靜思語，他們真正吸收了。他自我一番省思：孩子有差異性，不可能各個都如自己所願考一百分，其實他們都很努力，只是不符合自己的期待罷了。「一個缺口的杯子，如果換一個角度看它，仍然是圓的。」轉個念，天寬地闊。

於是他以鼓勵代替要求，耐心陪伴，增加練習的次數，不同程度的學生都能愉快地學習，成績也進步了。經過靜思語教學的洗禮，梁明影響了學生，也改變了自己，營造出不同的教室風光。

◎投入志工服務 豐富教學內涵

後來，竹山國小承擔九年一貫的試辦學校，梁明也是種子講師，先後前往臺中與彰化的五所學校分享「靜思語教學與九年一貫課程」，傳承靜思語教學經驗。他表示，九年一貫課程強調「帶得走的能力」，而靜思語教學涵括生活教育、品格教育、生命教育，透過五段式教學，可以內化為孩子生活的一部分。

時代在進步，教育也在進化，當九年一貫課綱又在二〇一九年變成了一〇八課綱，從過去強調「知識」與「能力」，再加上「態度」，成為「核心素養」，也就是具備適應現在生活及面對未來挑戰的知識、能力和態度。梁明認為：「課程一直在變，靜思語的精神永遠不變，因為它有前瞻性、未來性。」梁明指出，靜思語教學是在啟發孩子善良的本性，培養正向的價值觀及人生觀，來面對現在與未來人生的挑戰，靜思語的內涵就是生活的態度與實踐。「所謂『自發、互動、共好』，其實離不開『感恩、尊重、愛』。」梁明比喻道：「將一〇八課綱和靜思語教學萃取之後，兩者的DNA是一樣的。」

社會趨向多元，各種教學理論與方法並起，MAPS教學法、學思達教學法、PA探索教育等等風行。梁明認為靜思語是證嚴上人思想理念的結晶，不論哪個年代，都是培養學生素養的良方，只要掌握了品格教育的核心，在教材上加以充實、在教法上加以變化，靜思語教學法都能與時俱進。

二〇二一年五月疫情爆發，每個老師都必須利用視訊做線上教學，梁明覺得學生自主學習的態度與素養就更為重要，為了不讓學生在鏡頭後面睡著，他的授課採用互動及探索方式進行。他先利用Google的線上表單，設計靜思語故事內容及回饋，再結合線上的Excel密碼，設計「密室逃脫」線上評量遊戲，跨域整合將靜思語教學融入科技、語文、社會課程。

妙招不只一種，梁明利用kahoot的即時回饋軟體來設計問題，讓學生做即時回饋，為了避免浪費上課時間，他讓學生利用QR code掃描，直接進入系統回答問題。課程不再是一次性，而是充滿了問題解決與無限延伸的想像與思考。

三十年教師生涯，梁明深信：「靜思語是改變生命的一帖良方。」他致力於靜思語教學，總是發揮創意，在歷任校長的支持下，用心營造友善校園，因此獲獎無數，包括南投縣特殊優良教師、二屆的教育部全國績優訓輔人員、全國交通安全導護「金安獎」，更榮獲教育界的最高榮譽「師鐸獎」，以及天下雜誌推選為「品格推手教師」。

榮耀的背後，有著不為人知的艱辛和汗水。梁明始終抱持著「多做多得，少做多失」、「唯有付出，才能傑出」，所以總能享受「付出越多，收穫越多」的快樂。

附錄｜慈濟教師聯誼會大事記

年代	內容
一九八九	▪屏東大同國小尤振卿老師將靜思語編寫成符合學生活動的劇本，以布袋戲、相聲、數來寶等方式進行品格教學。同年北區陳美羿老師將上人的好話書寫成一張張的「拾寶」。
一九九〇	▪北區天母國小蕭春梅老師將「拾寶」裡的「好話」運用在教學上，於是出現了「靜思語教學」。
一九九二	▪七月二十三日「慈濟教師聯誼會」成立，以推展慈濟精神、淨化校園及社會為宗旨，全臺逾千位教師參加。
一九九三	▪八月首次舉辦「慈濟教師暑期學佛營」為期五天四夜，開辦宗旨：一、認識佛教、學佛行儀；二、深入瞭解慈濟精神；三、經驗分享——在校園中推動慈濟精神。
一九九四	▪吳秀英老師將靜思語分類融入教育部生活與倫理的課程中心德目，並整理出靜思語教學講義，取名《春風化雨講義》。 ▪於社區舉辦系列茶會，透過溫馨的交流方式，分享慈濟教師的心路歷程。首場於八月十四日在臺北市中山國中舉行。 ▪十二月十一日舉辦「靜思語教學研討會」，由施行靜思語教學具有相當成效的教師與大家分享心得。爾後，各地教聯會也陸續舉辦。
一九九五	▪八月四日受邀至馬來西亞的吉隆坡、馬六甲、檳城、芙蓉、怡保等地，為期六天進行十場靜思語教學及幸福人生講座，分享推動慈濟精神走入校園的經驗，計有八千位當地教師與民眾參與。九月二日，第一個海外慈濟教師聯誼會在馬來西亞成立。將慈濟教師聯誼會的精神與理念拓展至海外，至今已遍布全球七個國家地區。

年代	內容
一九九六	■二月五日於臺北分會首次辦理「靜思語教學成果展」，將老師們研發的靜思語相關教材、教學技巧、班級經營等成果展現出來，開放觀摩。同年適逢慈濟三十周年，因此於四月底至花蓮慈濟醫學院擴大辦理「全省靜思語教學成果展」，並於五月五日舉行「靜思語教學研討會」。 ■慈濟教師聯誼會林慎老師出刊《諄諄教誨》靜思語教學教材及心得。 ■為使靜思語教學系統化，由北區教師聯誼會編製《靜思語教學月刊》，並於教師節當日創刊發行。
一九九八	■由慈濟委員、榮董、教師聯誼會一行四十人組成的兩岸教育文化交流聯誼會，應邀訪問大陸廈門，從一月一日起，為期五天的教育文化交流並分享靜思語教學心得。這是慈濟教師聯誼會繼訪問美、加、澳、星、馬後，首次與大陸交流。
一九九九	■二月六日在花蓮靜思堂舉行第一屆「全省靜思語教學研習營」，為期四天，共有來自全省高、國中與國小，以及馬來西亞、澳洲等四百零六位老師參加。 ■為使慈濟教師聯誼會會員老師培育制度化，慈濟基金會正式推行「慈濟教師聯誼會教師培訓」制度，並於二月十日開辦第一期，持續至今年已辦理二十期。 ■四月出版《大愛引航．靜思語教學指引》小學版，由慈濟教師聯誼會召集一百多位靜思語教學有成的老師，共同編撰這套配合校園中心德目的靜思語教學教材指引。
二〇〇〇	■九二一集集大地震發生後四個月，慈濟教聯會開始進行前勘作業，並於一月二十八日起，前往二十所災區學校，展開為期十八個月的「震動大愛，重建『笑』園」親師生成長班，透過手語、團康、戲劇、生命教育及靜思語教學活動，讓重建中的校園親師生展現活力。截至二〇〇一年七月三十一日止，共舉行七十九個梯次，志工投入一萬兩千多人次，參與之各校師生為一萬三千人次。

年代	內容
二〇〇〇	▪ 慈濟「靜思語教學、生命教育」全國中小學校長研習營於七月四日在花蓮靜思堂展開，為期三天兩夜，共一百二十位中小學校長一同參與。課程希望傳授靜思語教學的意義、精神與使用方法，同時以慈濟三十多年來的人文關懷，來對生命作深層的省思與教育。 ▪ 七月二十八日在澳洲雪梨，舉辦首屆靜思語教學研習營，為期四天共有百餘人參與，由臺灣慈濟教師聯誼會成員前往分享教學經驗。
二〇〇一	▪ 第一本「慈濟生命教育教材：生命的美學與學習單」於一月正式出版。後來由邱惠芳大德促成了跟教育部建置「生命教育學習網」，並在全臺舉辦一百二十場的「生命的美學巡迴研討會」。
二〇〇二	▪ 由於靜思語教學的盛行，慈濟愛心媽媽進校園說故事，在全臺各地順勢發展。三月一日，慈濟中區愛心媽媽成長教室成立後，同年九月十四日正式將慈濟愛心媽媽更名為「大愛媽媽」。 ▪ 四月出版《大愛引航－靜思語教學指引》中學版。 ▪ 七月出版《大愛引航－靜思語教學指引》幼教版。
二〇〇三	▪ 慈濟教師聯誼會前往馬來西亞、印尼辦理「靜思語教學研習營」自十一月九日出發，為期九天。
二〇〇四	▪《大愛引航－靜思語教學指引》小學版、中學版、幼教版相繼出版。隨後以慈濟月刊所記載的慈濟人間路，編輯而成大專版本的《大愛引航－靜思語教學指引－大學之道》於一月出版。 ▪ 七月十一日前往印尼雅加達與華文老師交流教學之道，兩天的研習，由淺入深的講解，讓從未接觸過靜思語教學的印尼老師充分明瞭、清楚，許多學員在心得分享時紛紛表示會將幾日所學活用至實際教學中，讓學生在優良環境下潛移默化，成為心中充滿愛的人。 ▪ 由教聯會、慈青共組教育文化交流訪問團，於八月十四日出發，為期九天，分梯前往河南固始、安徽全椒與江蘇蘇州展開教育文化交流，同時前往興化周庄慈濟中學，為當地高中學生舉辦生活營。

年代	內容
二〇〇六	■自三月十一日起，於全臺開辦「大愛引航列車－靜思語教學巡迴研討會」，首場在板橋後埔國小舉行，一百三十位中小學老師前來觀摩交流。
二〇〇七	■花蓮慈濟小學設立「慈濟靜思語教學資源中心」，二月七日舉行揭牌儀式和感恩大會，感恩教聯會老師捐贈珍愛書刊，在短期間內收集九千多件的作品，協助促成中心成立。 ■「全美教育年會」於六月二十九日在慈濟美國總會聖迪瑪斯園區展開為期三天研習營，並於六月三十日宣布成立「全美慈濟教師聯誼會」。 ■臺灣教聯會老師及慈濟大學海外志工於八月四日前往泰國，進行為期二十天的交流，推廣靜思語教學，其中八月六日邀請六百多名來自泰國各地的老師，在朱拉隆功大學（Chulalongkorn University）舉辦一場「教育以道德為根基」的課程研習，現場座無虛席。
二〇〇八	■慈濟基金會於三月展開「臺東照顧戶子女新芽課輔班」專案，結合慈濟教師聯誼會、慈濟大專青年聯誼會、大愛媽媽等教育功能團隊，以及臺東大學學生，除寒、暑假外，每週六在臺東靜思堂為照顧戶子女進行課業輔導，迄今仍持續辦理。 ■汶川大地震，慈濟志工組織賑災醫療團，陸續出發前往當地，以專業醫師搭配志工，一起陪伴災民走出身心靈的傷痛。六月十三日出發的第六梯賑災團志工，則以慈濟教師聯誼會老師為主，為災區學童教育盡一份心力。
二〇〇九	■三月六日慈濟教聯會協助大愛電視臺在社區辦理「呼叫妙博士暑假益智本校園研習」。 ■莫拉克颱風造成的八八水災，慈濟展開「小太陽的微笑—有愛就有希望」安心輔導計畫，由高雄慈濟教育志工團隊，包括教聯會、大愛媽媽與慈青近四十位，九月二日前往和春技術學院旗山校區，陪伴安置在此的學童，讓老師喘息、家長安心。並規劃開辦「杉林課業輔導班」持續至今未曾中斷。 ■慈濟大學與臺大醫學院藥理名譽教授蕭水銀教授策畫的「無毒有我」專案活動，全臺第一場種子師親培訓研習於十一月一日在慈濟臺北東區會所舉行，近六百人參加，發願成為教育宣導的種子志工。

年代	內容
二〇一〇	▪ 成立「菩提種子編輯委員會」，於每學年固定推出靜思語教案教材持續至今。
二〇一二	▪ 慈濟教師聯誼會成立二十周年，於七月出版「品格學堂20年」專書。
二〇一六	▪ 九月二十四日出版《大愛引航─靜思語教學指引》增訂版，並陸續於臺北、臺中、高雄舉辦新書發表會，邀請社會賢達人士與會，希望透過靜思語故事的意涵，導引正向價值觀，讓孩子能自愛愛人，進而落實「行善、行孝」的品德教義。
二〇二〇	▪ 慈濟基金會結合教師聯誼會，在桃園靜思堂首次開辦「新住民幸福家庭成長班」，陪伴新住民適應臺灣生活。
二〇二一	▪ 慈濟教師聯誼會無毒有我教育宣導團，致力毒品防制，成效斐然，榮獲行政院表揚 110 年反毒有功團體。 ▪ 慈濟基金會於網路平臺舉辦「2021 素養教育未來式」專題系列講座，邀請教育人士、慈濟教聯會成員分享創新教學經驗，及如何因應數位學習發展趨勢。 ▪ 慈濟教師聯誼會為迎接二〇二二年成立三十周年，展開一系列的社區教師活動，以凝聚向心力，並接引新成員。

微光成炬

慈濟教師聯誼會全球分布

加拿大
美國

慈濟文史-史藏系列

微光成炬－慈濟教師聯誼會三十周年

作　　者／王月治、王貴美、王齡慶、朱妍綸、朱妍綾、李玲惠、吳靜怡、周明道、施金魚、陳素蘭、
陳麗英、張素卿、張珮鳳、張薰方、許玉鳳、許淑輝、曹芹甄、曾玲麗、曾裕真、黃湘卉、
葉瑞芬、蔡白球、蔡藜旭、盧春安、謝素燕、藍明姮（依姓名筆畫順序排列）

策劃指導／顏博文
總 策 劃／何日生
出版統籌／賴睿伶
出版企劃／曹芹甄、莊琬婷、余麗卿
責任編輯／廖右先
編 輯 群／白慧真、何莉萍、蔡金腰、葉瑞芬、胡美蘭、
邱蘭嵐、陳婉貞
美術編輯／菩薩蠻數位文創團隊

總 編 輯／賈俊國
副總編輯／蘇士尹
行銷企畫／張莉滎．蕭羽猜．黃欣

發 行 人／何飛鵬
法律顧問／元禾法律事務所王子文律師
出　　版／布克文化出版事業部
臺北市中山區民生東路二段141號8樓
電話：(02)2500-7008　傳真：(02)2502-7676
Email：sbooker.service@cite.com.tw
發　　行／英屬蓋曼群島商家庭傳媒股份有限公司城邦分公司
臺北市中山區民生東路二段141號2樓
書虫客服服務專線：(02)2500-7718；2500-7719
24小時傳真專線：(02)2500-1990；2500-1991
劃撥帳號：19863813；戶名：書虫股份有限公司
讀者服務信箱：service@readingclub.com.tw
香港發行所／城邦(香港)出版集團有限公司
香港灣仔駱克道193號東超商業中心1樓
電話：+852-2508-6231　　傳真：+852-2578-9337
Email：hkcite@biznetvigator.com
馬新發行所／城邦(馬新)出版集團 Cité (M) Sdn. Bhd.
41, Jalan Radin Anum, Bandar Baru Sri Petaling,
57000 Kuala Lumpur, Malaysia
電話：+603-9057-8822　　傳真：+603-9057-6622
Email：cite@cite.com.my
印　　刷／卡樂彩色製版印刷有限公司
初　　版／2022年(民110)7月
售　　價／380元
ISBN　978-626-7126-47-9
EISBN　978-626-7126-48-6

國家圖書館出版品預行編目(CIP)資料

微光成炬：慈濟教師聯誼會三十周年/王月治, 王貴美, 王齡慶, 朱妍綸, 朱妍綾, 李玲惠, 吳靜怡, 周明道, 施金魚, 陳麗英, 張素卿, 張珮鳳, 張薰方, 許玉鳳, 許淑輝, 曹芹甄, 曾玲麗, 曾裕真, 黃湘卉, 葉瑞芬, 蔡白球, 蔡藜旭, 盧春安, 謝素燕, 藍明姮作；賈俊國總編輯. -- 初版. -- 臺北市：布克文化出版事業部出版：英屬蓋曼群島商家庭傳媒股份有限公司城邦分公司發行, 2022.07
面；　公分
ISBN 978-626-7126-47-9(平裝)

1.CST: 教育 2.CST: 文集

520.7　　111009843

城邦讀書花園
www.cite.com.tw
布克文化